日本留学のエスノグラフィー

インドネシア人留学生の20年

有川友子 著

大阪大学出版会

はじめに

読者の皆さんは「日本留学」「留学生」と聞くと、どんなことを思い浮かべるだろうか？　身近に留学生がいて日常的に接している場合と、今まで留学生と接したことがない場合では、「日本留学」や「留学生」という言葉で思い浮かぶことは違ってくるかもしれない。

では「留学生」の立場からの「日本留学」とはどんなものだろうか？

I　本書について

1.「留学生」の立場から描く

本書は日本の高等教育機関に留学したインドネシア人たちの20年について「留学生」の立場から描いたものである。しかし、筆者は日本の大学で学んだ留学生ではない。では、どうやって描けるのか？と、疑問に思う読者もいるだろう。教育人類学を専門とする筆者は日本に留学したインドネシア人たちの世界に可能な限り近づくことを目的とし、留学生個人の視点を大事にし、長期的に丁寧に調べる研究方法をとってきた。1990年に事前調査を行った後、1991-1992年の約1年間、日本のある国立大学A大学[1]においてフィールドワーク[2]を行い、インフォーマント[3]として協力を得たインドネシア人留学生について研究を行った。その後1990年代後半にこれらの留学生の帰国直後から数年後について追跡研究を行った。更に2010年代前半に日本留学から約20年後の追跡研究を行った。本書はこれまでの約20年間の研究成果をまとめたものであり、これらのインドネシ

ア人留学生、元留学生の生きる世界について描くものである。

2.「文化習得」について明らかにする

そして本書は留学生の生きる世界を描くことを通して「文化習得」の解明を目指している。まず、留学生を、「それぞれの出身地やそれまで生活した環境において、ある文化（ここでは第一文化もしくは第二文化と呼ぶ）について学び、その文化を習得した人たち」と捉える。その後、他の地域や国等に留学し、新たな社会や文化に直面すると、留学生たちは何を考え、感じ、どのように行動するのだろうか？ その際に第一文化や第二文化の中から、何をどのように活用するのだろうか？ またそのプロセスにおいて、どんなことが関係し、影響するのだろうか？ 本書ではこの留学生の文化習得プロセスの解明を目指した。

読者の中には「文化適応」は聞いたことがあるけれど、「文化習得」は聞いたことがない、と言う人もいるだろう。本書では、「文化習得（Culture learning）」を留学生が「主体的、積極的に（新たな）文化を習得するプロセス」と捉え、それを明らかにしようとした。

ただし留学生の文化習得においては、色々なレベルでの関係や影響があり得る。留学生個人に関わることもあれば、留学政策や制度、その時代の国際関係、今日であればグローバル化の影響もあり得る。本書のII部において1990年代前半の日本で学ぶインドネシア人留学生の生きる世界の中から、留学政策や留学制度との関係、大学院生の研究室生活、学部生の日本の学生との友人関係、日常生活、家族との留学生活を中心に描いていく。

3.「長期的」に留学を見ていく

本書では更に、留学生の文化習得について、日本留学中だけでなく留学後についても長期的に調べた。III部において留学を終えたインドネシア人たちの帰国直後から数年後の様子を、IV部において時間が経過した留学から20年後の様子を中心に描きながら、元留学生にとって「留学」「日本

留学」がどのような意味を持ち、留学で得たものをどのように活用しているのか明らかにしていく。

II　日本全体の外国人留学生の概況

ここからは日本全体の外国人留学生の概況[4]について簡単に触れておこう。日本における外国人留学生数の推移は図1の通りである（独立行政法人日本学生支援機構、2016b）。また出身国（地域）別に外国人留学生数の多い国（地域）について表1に記す（独立行政法人日本学生支援機構、2016b）。

　同データによると2015年5月1日現在の留学生数は208,379名である。また2015年5月1日現在で留学生数の多い出身国（地域）順に中国、ベトナム、ネパール、韓国、台湾、インドネシア、タイ、と続く。

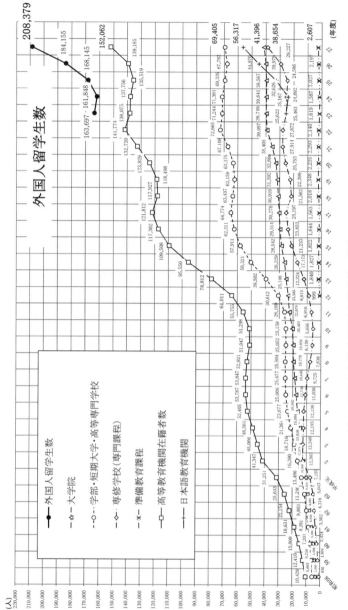

図1 日本における外国人留学生数の推移

出典 独立行政法人日本学生支援機構，2016．「平成27年度外国人留学生在籍状況調査等について―留学生受入れの概況―」(http://www.jasso.go.jp/about/statistics/intl_student/data2015.html)

はじめに

表 1　出身国（地域）別外国人留学生数上位 10 か国

出典　独立行政法人日本学生支援機構、2016、「平成 27 年度外国人留学生在籍状況調査等について―留学生受入れの概況―」
(http://www.jasso.go.jp/about/statistics/intl_student/data2015.html)

国（地域）名	留学生数	前年度比増減		
	平成 27 年度	平成 26 年度	人数（人）	割合（%）
中国	94,111	94,399	▲ 288	▲ 0.3
ベトナム	38,882	26,439	12,443	47.1
ネパール	16,250	10,448	5,802	55.5
韓国	15,279	15,777	▲ 498	▲ 3.2
台湾	7,314	6,231	1,083	17.4
インドネシア	3,600	3,188	412	12.9
タイ	3,526	3,250	276	8.5
ミャンマー	2,755	1,935	820	42.4
マレーシア	2,594	2,475	119	4.8
アメリカ合衆国	2,423	2,152	271	12.6
その他	21,645	17,861	3,784	21.2
合　計	208,379	184,155	24,224	13.2

内訳（各年 5 月 1 日現在）

　これらの留学生の概況と関係することの一つとして、国レベルや大学のレベルにおける受け入れ留学生に関わる各種政策や取り組みがあることも、ここで述べておきたい。例えば 1984 年の「留学生受け入れ 10 万人計画」以後の近年の大きな政策として 2008 年の「留学生 30 万人計画」（文部科学省、2008）があった。これに伴い各種の政策や事業が行われてきた。例えば 2009 年に 5 年間の予定で開始した「国際化拠点整備事業（グローバル 30）」[5]（文部科学省、2009）、それ以後も複数の事業が行われている（例：「スーパーグローバル大学創成支援」（文部科学省、2014））。ま

た、近年は受け入れ留学生だけでなく、日本人学生の派遣推進の各種の政策や取り組みも積極的に行われている。例えば2014年から官民協働の留学支援制度も始まっている（文部科学省、2015）。

留学において留学生個人レベルでの動機や目的も重要であるが、これらのマクロレベルの留学生政策や制度なども関係してくる。

III　本書の構成

本書は筆者がこれまで発表してきた学術論文等を中心にまとめたが、研究を行った時期に忠実であることを優先し、組織や職名等について基本的に当時のものを使った。

本書はI部からV部までの5部構成となっている。まずI部では、筆者の研究の枠組みと方法について説明する。1章では留学生の世界を学ぶことについて、2章では理論的枠組みについて紹介する。3章では約20年間の筆者の研究の方法と概要について説明する。4章では本書に登場する留学生を紹介する。

II部では、1990年代前半の研究をもとにインドネシア人留学生のA大学での生活を中心に描く。5章では留学生が生まれる仕組みについて、1990年代のインドネシアと日本の政策と関係する留学制度について説明し、その中でA大学の留学生が留学した理由や背景等も紹介しながら考える。6章では当時のインドネシア人大学院生の研究室コミュニティでの生活について、一部指導教員の捉える世界を紹介しつつ、主には留学生の捉える世界について描いていく。7章では学部生の生活の中から、日本の学生との友人関係について描く。8章では当時のインドネシア人留学生の日常生活について、可能な限りインドネシア式に送っていた様子を描く。9章ではインドネシア人留学生が家族を伴って留学することについて、単身での来日、家族来日、帰国までの時系列のプロセスの中で描く。

III 部では、1990 年代後半から 2001 年にかけての追跡研究をもとに、インドネシア人元留学生の帰国後の世界について描く。まず 10 章ではインドネシア人の留学の歴史を概観し、在日インドネシア留学生協会の主な活動を説明する。11 章では、官庁所属の元留学生の留学中における留学生協会での活動と帰国後のキャリアとの関係について検討する。12 章では帰国後の大学教員についての追跡研究をもとに、大学教員のキャリアにおける博士号の重要性について描く。

　IV 部では、2010 年代前半、留学から約 20 年後、帰国から約 10 年から 15 年後となる時期に、長期的観点からインドネシアにて行った追跡研究をもとにまとめたものである。13 章では A 大学に留学して帰国した元留学生の大学教員としてのキャリアにおける留学の影響について描く。14 章では官庁における日本留学経験者の帰国後のキャリアと留学の関係について、元留学生の立場から検討する。15 章では日本留学に加えて他国留学の経験者、留学時期の異なる元留学生への研究を踏まえ、長期的観点から大学教員のキャリアにおける留学の様々な影響、またグローバル化の進む高等教育の多様化について検討する。

　V 部では、これまでの約 20 年間の留学生、元留学生の世界についての研究を踏まえ、日本の高等教育に関わる問題を扱う。16 章では留学生にとって重要な問題である博士号について日本の高等教育、特に大学院をめぐる動きを 2000 年代前半までの状況を中心にまとめた。17 章ではこれからの日本の高等教育について筆者なりの考えをまとめた。以上が本書の構成である。

IV　留学すること、文化を習得するということ

　留学は、留学中だけでなく、留学前から留学後とのつながりの中で捉えることが重要である。留学生には留学するまでの人生があり、その背景を

持って留学してくる。留学生は留学中に多様な経験をするが、その中において留学前は勿論のこと、留学後と関係があり、留学生にとってそれぞれに意味や価値を持ってくる。更に留学後の人生において、留学前からつながる留学中の体験が関係してくる。

インドネシア人の日本留学は、日本とインドネシアの歴史的関係の大きな流れの中、また今日のグローバル化、留学制度、母国と留学先の高等教育制度やシステムの影響を受けてきた。と同時に、留学生個人がその時置かれた環境において、自分の目標に照らし、それまでの経験や知識を活用しながら、その状況において可能な範囲で、それぞれが解釈し、判断し、行動していた。

本研究の主な対象は奨学金を得て留学した理工系の大学院レベルのインドネシア人留学生で、博士号取得後、母国に帰国し大学もしくは官庁でのキャリアを続けた人々である。多様な留学生の中で、1か国のごく少数の留学生を対象とした研究で何がわかるのか？と思う読者もおられるだろう。そのような方には、本研究だからこそ明らかにできることがあることを伝えたい。教育人類学の立場から、インドネシア語を使い、約20年にわたり同じ留学生を対象とした研究を続けたからこそ明らかにできた留学生の生きる世界がある。そしてこれらの留学生を通して紹介された日本と他国留学経験者や留学時期の異なるインドネシア人元留学生も含めた追跡研究から見えてきた留学生の生きる世界がある。これらの留学生の語りを通して、国際社会における留学政策や留学制度、高等教育機関における大学院教育や研究組織と密接に関係していることが明らかになった。

本書が教育人類学を専門とする方、文化や文化習得に関心のある方、留学生教育研究を志す方、また多様な分野において実際に留学生の教育研究指導にあたる方、留学生について関心を持ってくださる方々の参考になることを願っている。

注

1　大学名、地名、人名を含む固有名詞は、本研究の調査協力者のプライバシーを守るため、全て仮名である。
2　人類学的研究方法のフィールドワークについては1章、3章で説明する。
3　人類学的アプローチでの研究の協力者インフォーマントについては1章、3章で説明する。
4　これらの調査における「留学生」について、以下のように定義されている。「「出入国管理及び難民認定法」別表第1に定める「留学」の在留資格（いわゆる「留学ビザ」）により、我が国の大学（大学院を含む。）、短期大学、高等専門学校、専修学校（専門課程）、我が国の大学に入学するための準備教育課程を設置する教育施設及び日本語教育機関において教育を受ける外国人学生をいう。」（独立行政法人日本学生支援機構、2016b）
5　本事業は2012年より「大学の国際化のためのネットワーク形成事業」となった。

目次

はじめに
I　本書について　　　iii
II　日本全体の外国人留学生の概況　　　v
III　本書の構成　　　viii
IV　留学すること、文化を習得するということ　　　ix

I部　留学生について調べる　研究の枠組みと方法

1章　留学生の世界について学ぶということ

I　これまでの留学生に関する研究の問題　　　3
II　エスノグラフィックアプローチ（民族誌的研究方法）　　　7
III　留学生教育研究における理論の問題　　　12
IV　エスノグラフィックアプローチを実践活動としての留学生アドバイジング（留学生指導）、国際教育交流に活かす　　　16
V　おわりに　　　19

2章　参考にした理論的枠組み

I　「学習者」としてのインドネシア人留学生　　　21
II　認知的（Cognitive）アプローチを文化習得の研究に活用する　　　22
III　社会文化的（Sociocultural）アプローチを文化習得の研究に活用する　　　23

IV　文化人類学的アプローチによる「研究」　24
　V　文化を習得するということ　25
　VI　おわりに　26

3章　これまでの研究の方法と概要

　I　1990年の事前調査と1991-1992年のA大学におけるフィールドワーク　27
　II　1990年代後半のインドネシアにおける追跡研究　31
　III　2010年代前半のインドネシアにおける追跡研究　32

4章　本書に登場するインドネシア人留学生

　I　Pak Pranowo　37
　II　Pak Taufik　39
　III　Pak Zainal　40
　IV　Albertus　42

II部　日本に留学したインドネシア人留学生の見た世界　1990年代前半

5章　留学生が生まれる仕組み　国家政策と留学制度

　I　インドネシア人の日本留学　47
　II　インドネシア政府の奨学金制度　49
　III　日本政府の留学制度　インドネシアの場合　55
　IV　A大学のインドネシア人留学生　58
　V　考察　64
　VI　おわりに　66

6章　大学院生が体験した研究室コミュニティ

I　インドネシア人大学院生の研究室生活　　73
II　考察　インドネシア人留学生の捉える研究室の世界から見えてくるもの　　84
III　おわりに　　88

7章　学部生が日本人学生と「友人」になることは難しい

I　学部生の捉える日本の学生との友人関係　　91
II　考察　インドネシア人留学生の友人の捉え方　　95
III　おわりに　　96

8章　日常生活──「インドネシア」の生活──から見えてきたもの

I　日本人の友人との交流　　99
II　単身のインドネシア人大学院生の生活　　101
III　A地域での「インドネシア」式生活　　103
IV　考察（1）　日本で続ける「インドネシア」スタイルの生活　　106
V　考察（2）　質的研究とフィールドワーク　　107
VI　おわりに　　108

9章　家族を呼び寄せて留学生活を送る

I　留学生家族についての研究　　111
II　既婚インドネシア人の日本留学　　112
III　考察　　126
IV　おわりに　　129

III部　帰国直後から数年後のインドネシア人元留学生の見た世界
1990年代後半

10章　インドネシア人の留学の歴史と在日インドネシア留学生協会の活動

I　インドネシア人の留学の歴史　　133
II　1990年代当時のインドネシア人国家公務員の留学　　135
III　日本におけるインドネシア留学生協会の活動　　137
IV　おわりに　　139

11章　留学中から帰国後につながる活動　官庁職員のキャリアから

I　留学中の在日インドネシア留学生協会の活動への関わり方　　141
II　帰国後の職場での活動　　144
III　考察　留学生にとっての留学生協会の意味と役割　　148
IV　その後の変化　　150
V　おわりに　　150

12章　留学＝学位（博士号）　大学教員のキャリアから

I　インドネシアの高等教育と大学教員の留学　　153
II　インドネシア人大学教員のキャリアの中での日本留学　　155
III　インドネシア人大学教員にとっての博士号の重要性　　160
IV　考察　　164
V　おわりに　　164

IV部　留学から20年後のインドネシア人元留学生の見た世界
2010年代前半

13章　留学経験の中から主体的に選択して活用する大学教員の世界

I　グローバル化する高等教育　日本とインドネシアの場合　　169
II　長期的観点からの留学生教育研究　　171
III　2011年の追跡調査研究の概要　　173
IV　日本留学経験者としての大学教員の生活　　175
V　考察　日本留学がもたらしたもの　　177
VI　おわりに　　181

14章　多様なキャリアの中で日本留学経験を生かす官庁職員の世界

I　2012年の追跡調査研究の概要　　183
II　日本留学とその後のキャリア　　184
III　考察　　190
IV　おわりに　　193

15章　改めて日本留学を考える
　　　　他国留学や近年の日本留学との比較から

I　2013年の追跡調査研究の概要　　195
II　元留学生の語る留学生活と帰国後の教育研究活動　　196
III　考察　　199
IV　おわりに　　202

V部　留学生、元留学生の見た世界から日本の高等教育を考える

16章　留学生教育研究と大学における教育の国際化
　　　　博士号の問題から

I　はじめに　　207
II　日本の大学における学位をめぐる状況　　207
III　近年の日本の学位と大学院をめぐる状況と課題　　211
IV　考察　日本の大学における教育の国際化と学位　　215
V　留学生教育研究者と大学教育の国際化の課題と方向性　　220
VI　おわりに　　223

17章　これからの日本の高等教育を考える
　　　　留学生の見た世界と元留学生の見た世界から

I　留学の多様化と大学との関係　　225
II　多様な留学生の世界と長期的観点の重要性　　227
III　改めて博士号と大学院の問題を考える　　228
IV　おわりに　　230

参考文献　　231
初出一覧　　238
おわりに　　241

Ⅰ部

留学生について調べる
研究の枠組みと方法

1 留学生の世界について学ぶということ

本章では、留学生について研究することについて、研究分野と研究方法の観点から検討する。留学生についての研究においてこれまで中心だった量的研究の限界を克服する方法としての質的研究、その中で、教育人類学者である筆者も用いてきたエスノグラフィックアプローチ（民族誌的研究方法）の利点と問題点について検討する。次に留学生について研究する上で理論的課題として重要である文化の問題について、米国の認識人類学の「文化」についての理論を使いながら議論していく。そしてこれらの議論をもとに、留学生教育研究が留学生アドバイジング（留学生指導）、国際教育交流の実践活動にどのように活かせるか検討する。

I これまでの留学生に関する研究の問題

1. 留学生に関するこれまでの研究

留学生についての研究は、これまで留学生及び留学に関わる様々な問題を扱い、色々な研究分野、例えば心理学、人類学、教育学、言語学、コミュニケーションにおいて、それぞれの問題意識と研究方法により、行われてきた。しかし留学生及び留学生の教育に関わる研究を一つの研究領域として捉える観点も必要である。その場合、研究方法及び理論の問題が出てくる。しかしこれらに関する議論はこれまで不十分だった。

　日本におけるこれまでの留学生教育研究ではミクロレベルで留学生個人を対象とし、留学生の適応の問題から、留学生と日本人との関係を心理学

的アプローチで研究したものも多い[1]（横田、1996）。例えば研究者が留学生に関わる問題の中から調べたいテーマについて仮説をたて、それを検証する際に統計的処理を行い、分析を行う。しかし量的研究を通して仮説を検証する方法だけでは、留学に関わる諸問題を解明するには限界がある。その限界は何か、それを克服する研究方法は何か、またその方法自体の利点と問題点は何かを議論することも必要である。

2. 留学生と日本人[2]との関係をテーマとした研究

以下に在日留学生と日本人との関係をテーマに研究を行うことを例として挙げながら、量的研究だけでは見えてこない留学に関わる複雑な諸要因を検討する。まず留学生と日本人との関係をどのような観点から調べるかは、研究者の問題意識、視点により、検証する仮説自体が異なる。また留学生と日本人との関係と一口に言っても様々である。

例えば留学生の日本人の友人との関係を調べるか、留学生と日本人学生一般の関係を調べるか、また教員との関係を調べるか、これらは学内での日本人との関係の例であるが、この他学外においても留学生は様々な日本人との関係がある。更にこれらの留学生と日本人との関係の何を具体的に調べるかにより、仮説の設定及び検証の仕方が変わる。すなわち研究者の問題意識、観点により、留学生と日本人との関係について調べる事柄、得られるデータ、その分析方法も変わってくる。

また出身国の異なる留学生を一緒に調査した場合、日本人との関係について在日留学生の一般的傾向として明らかにできることがあるかもしれない。しかし留学生の中には、母国で日本人と接した経験があるかもしれないし、間接的に日本人について既に知識を得ている者もいるかもしれない。また日本人について全く知らずに来日している留学生もいるかもしれない。母国での日本人との関係の違いが日本での体験に影響を及ぼす可能性がある。

また母国でのその他の体験が日本人との関係に影響する可能性もある。

例えば大学での教授と学生との関係について、母国での教授や他の学生との体験をもとに、日本において日本人教授や学生と接しようとするかもしれない。母国で教授と学生が友人のように親しく話せるか、もしくは教授は尊敬され、学生は遠慮しながら接しなければならないのか、また学生同士の関係はどのようなものか、これらについての留学生の母国での体験が、日本人教授や学生との関係に影響するかもしれない。

つまり留学生と日本人との関係を調べる場合、留学生の母国のバックグラウンド、それが留学や日本人学生との関係に影響を及ぼす可能性についても検討する必要がある。

3. 研究方法から考える留学生と日本人との関係

また多数の留学生を対象として、日本人との関係についての調査を一回行った場合、調査時点の日本人との関係についての状況は明らかになるかもしれない。しかし日々様々な状況や場面で色々な日本人と接する中で、その留学生と日本人との関係は違うかもしれない。また時間が経過するに従い、留学生と日本人との関係は続いていくものもあるかもしれないし、変化していくものもある。

更に質問紙調査を日本語もしくは英語で行った場合、いずれかの言語が十分に理解できる留学生に対しては日本人との関係についてのデータが得られるかもしれない。しかし英語を母語とせず、日本語もそれほど流暢ではない留学生がどの程度研究者の意図、質問の意味を理解しているかわからない。更に質問の意図を仮に理解したとしても、留学生がはっきりと本音で回答するかどうかはわからない。

これまで見てきたように、留学には送り出し国（母国）、受け入れ国における実に様々な要因が関わり、留学生の間での体験に差異が生まれる。留学生の体験、それに影響を与える諸要因及びその関連性を詳しく検討していくことが研究目的であれば、仮説検証のための量的研究だけでは限界がある。

留学の問題を多角的に検討し、留学生の視点から研究する場合、各留学生の体験を個別に詳しく調べていくことが重要である。そのためには例えば留学以前のバックグラウンドについての情報を得るとともに、将来の計画や目標を把握し、その上で留学中の様々な体験について留学生がどのように理解して行動しているか調べることが必要である。

4. 留学生個人レベルと国際関係等マクロレベルとの関係

またこれに関連して、留学生教育研究では留学生個人のミクロレベルから国家間の関係のようにマクロレベルの問題の間の関連性を調べることも重要である（箕浦、1995; 横田、1996; Altbach, Kelly & Lulat, 1985）。研究者の関心事は一つのレベル（例：ミクロレベルの留学生の異文化接触）であるとしても、留学生を対象とする以上、留学に関わる他のレベルの様々な要因や影響の可能性についても考慮することが必要である。例えば留学生が留学生となる以前のバックグラウンド、留学後の目標や計画についても把握する必要がある。またこうした個人レベルの研究だけではなく、留学生の母国、受け入れ国それぞれの政治、経済、社会、文化等の状況、また母国と受け入れ国の二国間の関係を中心とした国際関係、そしてこれらの諸要因が留学の現象や留学制度、ひいては留学生個人の体験に及ぼす影響についても調べることも重要である。

　研究方法の問題は、具体的には何を目的にどのようにして調べるのかという問題である。量的研究においては「かなり多くのサンプルについて集められたデータをもとにして、比較的少ない数の要因…の間の関連を全体的に調べよう」とする「浅く広く」調べるアプローチである。一方質的研究では「比較的少ない数の事例（時にはただ一つの事例）を詳しく分析することによって社会現象や文化に関わる事柄あるいは心理学的な問題について、できるだけ多くの要因の間の関連性を分析したり記述したりする」「深く狭く」調べるアプローチである（佐藤、1992、p. 48）。留学生の問題に関わる様々な要因を検討することが目的であれば、質的研究方法を使

い、狭くても深く調べる必要がある。

　アルトバック・セルバラトナム編（1993）は、これまでの世界の留学生研究の流れについて概観する中で、留学生の一般的な傾向や要因についてのこれまでの研究の限界を指摘し、この問題を克服するために「エスノグラフィーの手法による留学生研究」が必要だと述べている（p. 256）。

　また、日本の留学生教育交流研究について振り返る中で、横田（1996）はこれまでの研究に多かった質問紙による調査の限界を指摘し、実際の観察や活動等を通してより深く調べていく多角的アプローチの必要性を訴え、「時系列的な追跡調査などに重点を置いた文化人類学的な手法」もその一つとして挙げている（p. 56）。

　本章では以下に留学生教育研究においてこれまで不足している質的研究方法について検討していく。具体的には文化人類学のエスノグラフィックアプローチ（民族誌的研究）について、その利点及び問題点を検討する。

II　エスノグラフィックアプローチ（民族誌的研究方法）

　量的研究とは異なる研究方法として質的研究があることはすでに述べた。この質的研究方法の一つとして「エスノグラフィー」がある。これは「民族誌」と訳され、もともと文化人類学者が研究対象とする人々の住むコミュニティに1、2年間生活し、その人々の世界について学んでいくフィールドワークと密接に関連する。佐藤（1992）によれば、「エスノグラフィー」には三つの意味がある。1. フィールドワークの結果をまとめたもの、すなわち民族誌、2. フィールドワークという調査そのもの、もしくはその調査のプロセス、3. 少し古い用法であるが「民族誌学」「記述民族学」を指す。

　本章では「エスノグラフィー」は1. の民族誌を指す場合に使い、2. のフィールドワークについては「フィールドワーク」という言葉で表し、以

下にこの研究方法について具体的に説明し、検討していく。

1. フィールドワーク

フィールドワークにおいて、研究者は研究対象者であり情報提供者（インフォーマント）である人々の言葉を学び、ある一定期間（通常 1 年から 2 年）その人々の住むコミュニティで生活しながら、研究する。

　研究者はインフォーマントの関わる多種多様活動に一緒に参加しながら観察（参与観察）する。そして様々な状況や場面におけるインフォーマントの言葉、行動について、毎日フィールドノーツとして詳しく記録をつけていく。インフォーマントに対してインタビューを行う場合、フォーマルに行うものもあるが、参与観察をしながら、もしくはその合間にインフォーマルに尋ねていくインタビューも多い。この他にインフォーマントの生活に関わる他の資料の収集も行う。

　インフォーマントの行動並びに言葉をデータとして詳しく記録していきながら、研究者はそのコミュニティの人々の生活、考え方、習慣、人間関係、その他の多様な側面、それらの関連性について学ぶ。

　フィールドワークでは研究者とインフォーマントとの信頼関係（ラポール）が鍵となる。研究者はインフォーマントの信頼を得るために努力しなければならない。インフォーマントとのラポールなしには研究者はそのコミュニティに受け入れられないだけでなく、研究に必要なデータや情報も得られない。

　そしてフィールドノーツ、インタビューデータ、その他の資料の整理及び分析を通して、そのコミュニティ、インフォーマントの世界に関する様々な事柄について具体的に明らかにし、エスノグラフィー（民族誌）を著わしていく。

2. エスノグラフィックアプローチの利点と問題点

文化人類学のこの民族誌的研究方法は、20 世紀後半にかけてポストモダ

ニズム（postmodernism）[3]の影響を受け、その問題点が指摘されるようになった（Clifford & Marcus eds., 1986; 太田、1998, 2001）。例えばこれまで民族誌は「客観的」な「局外者（アウトサイダー）」である研究者が「局内者（インサイダー）の視点」としてインフォーマントについて著わしていた。しかし研究者がその客観性を主張したとしても、「局外者」である研究者の語りと「局内者」の語りとは完全に同じにはならない。その上そこに往々にして権威的「局外者」と政治的社会的弱者「局内者」の間での政治的関係、中でも力（パワー）の不均衡の問題が関係してくる。

確かに「アウトサイダー」である研究者が「インサイダー」の視点であるとして民族誌を著わすことには問題がある。研究者は「インサイダー」ではないからである。もし研究者がデータについてインフォーマントと確認作業を行いながら民族誌を著わしているのであれば、そのことを、またそうでなければ、研究者が得たデータを分析してインフォーマントの視点として著わしていることを、その研究方法とともに明らかにする必要がある。

またフィールドワークではインフォーマントに対する研究者の姿勢、態度も問われる。権威的な研究者が自分の考えや価値観を絶対的なものと考えていれば、既に自分の物差し、フィルターができ上がっている。このような研究者がインフォーマントの話を聞き、行動を観察しながら、データ収集、分析し、まとめた民族誌を「インサイダー」であるインフォーマントの視点からの民族誌だとして著わしたとしても、そこには偏った研究者の視点が現れる。

更にフィールドワークにおいては研究者がそのコミュニティにおいてどのようなインフォーマントと出会うか、そのインフォーマントと信頼関係が確立できるかによって、得られるデータも関係する。すなわちインフォーマントとの関係がフィールドワーク成否の鍵とも言える。

エスノグラフィックアプローチにはこれまで述べてきた点を含む問題がある。しかしこの研究方法を通して得られるデータ及びその分析結果は、

量的研究から得られるものとは異なる知見として重要である。特にインフォーマントの世界、それに関わる諸要因を、完全ではないものの解明していく際に、対象とするインフォーマントの人数に限界があるが、それぞれについて深く詳しく、様々な角度から調べられる方法が役立つ。

　研究者は、あるグループの人々と長期間生活をともにし、自分の考え方や価値観からくるバイアスをしっかり認識し、常に自己反省しながらインフォーマントから学ぶ姿勢に徹して、インフォーマントと信頼関係確立を目指しながら、フィールドワークを行うことが大切である。このような姿勢でフィールドワークを行ったとしても、研究者は完全にインサイダーにはなれない。しかし次第にインサイダーであるインフォーマントの世界が見えてくる。その結果、研究者がインフォーマントの視点に可能な限り近づいたエスノグラフィー（民族誌）を著わすことはできる。

　「広く浅い」量的研究方法の限界を克服し、留学生並びに留学に関わる諸問題について狭くとも深く調べることは必要であり、そのためには質的研究が必要である。以下に留学生教育研究をエスノグラフィックアプローチにて行うことについて、具体的に筆者のフィールドワークでの体験を紹介しながら、検討していく。

3. インドネシア人留学生の世界について学ぶ

留学生についての研究をエスノグラフィックアプローチにて行う場合、留学生の母語を使うことが重要である。留学生についての研究においてどの言語を使うかは、留学生との信頼関係構築とも関連して重要な問題である。英語を母語としない日本の留学生を対象にした研究では、日本語、英語だけでは留学生の世界に近づくことは難しい。

　文化習得を大きなテーマとし、留学生が新たな環境においてどのように考え行動するのか研究を行う中で、筆者はインドネシア語（母語を別に持つインドネシア人留学生もいたが、公用語としてのインドネシア語による教育を受けていた）を使い、インドネシア人留学生の視点から学ぶという

姿勢に徹することにより、日本でのインドネシア人留学生としての体験について多くのことを学んだ。留学生数には限りがあるが、フィールドノーツには各留学生の言動の記録、具体的には留学生の関わる各場面や状況における、留学生及び関係者の行動の観察記録、また留学生自身の見解等が記録されている。

その中で例えば留学生と日本人との関係において、留学生は様々な日本人と接していることがわかる。日本の大学における指導教員、その他の教員、事務職員、日本人学生、その他の日本人、また学外においてもホストファミリー、役所関係者、子どもの学校の先生、他の子どもの親、子どもの友達、パート先の日本人、その他の日本人等々、様々な日本人と接している。フィールドワークを通して、このような多種多様な日本人と接するインドネシア人留学生について、またこれら留学生と日本人との関係、更に日本人について彼らがどのように解釈、理解しているかを学んだ。

ただしフィールドワークにおける参与観察中に、その場の雰囲気を壊さずに観察する事柄すべてをデータとして逐次記録することは困難であることが多かった。記録として取れたとしてもメモ程度であり、場合によってはメモも取れずに集中して記憶しなければならないこともあった。しかしメモが取れる状況になり次第、メモをとり、帰宅後、詳しくフィールドノーツとして記録していった。

こうしてフィールドワークを続けながら、日付順に記録したフィールドノーツを繰り返し読み直す中で、複数のインフォーマントの間で、またインフォーマント個人の中で、繰り返し現れるパターン、テーマが明らかになってきた。また複数のインフォーマントの間に見られる共通の体験、またインフォーマントの間で異なる体験も見えてきた。

フィールドノーツ及びインタビューデータを通して得られたデータを、フィールドワークを通して明らかになってきたテーマごとに、分類、整理、分析しながら、文化習得プロセスの理論構築を目指した。

筆者の研究の中心はミクロレベルの留学生を対象とした文化習得プロセ

スの解明だった。しかし約1年間のフィールドワーク、そしてデータの整理、分類、分析を通して、留学生に関わるミクロレベル、マクロレベルそれぞれでの様々な問題、またミクロレベルとマクロレベルの問題との関連性が明らかになった。また日本人と留学生との関係だけでなく、出身を同じくする留学生同士の関係や留学生と母国との関係を調べることも非常に重要であることがわかってきた。

受け入れ国の諸々の状況についての理解は勿論だが、対象とする留学生の母国の文化、歴史、社会、経済等の状況についても把握する必要がある。母国を離れて日本で生活していても、留学生は母国との関係は様々な形で続いている。例えばインドネシアにおける民族、宗教、文化的状況が日本のインドネシア人留学生コミュニティ及びインドネシア人留学生同士の関係においても影響していた（Arikawa, 1993）。またインドネシアと日本の歴史から今日に至る関係がインドネシア人留学生の日本での体験に関係していた（Arikawa, 1995）。更に国家政策としての留学制度とインドネシア人留学生の母国での身分等のバックグラウンドも関係していた（有川、1999）。インドネシア人留学生の日本留学に関わるこれらの多種多様な要因や関係は、エスノグラフィックアプローチによる研究を通して明らかになった。

本章の始めにも述べたように、留学生教育研究は様々な角度、観点から行うことができる。既に指摘したようにエスノグラフィックアプローチに問題点も確かにある。しかし、エスノグラフィックアプローチであるからこそ、量的研究とは異なる観点や知見、そして留学に関わる諸要因及びそれらの関連性を掘り下げて明らかにすることができる。

III　留学生教育研究における理論の問題

留学生教育研究において重要である問題は、上記の研究方法の問題と、こ

れから議論していく文化の問題である。

　留学生は通常母国を離れて異国で勉学に励む若者であり、多くの場合、受け入れ国にて異なる文化的状況に置かれる。この観点から考えると、留学生の問題は文化の問題でもある。そうなると、留学生の研究において文化をどう捉えるかということが非常に重要な問題となる。しかし文化をどう捉えるのか、その定義の重要性について、これまで留学生に関する研究においてはほとんど問題にされてこなかった。

　「文化」の捉え方により、研究アプローチ、分析視点が異なることは箕浦（1987）も異文化接触研究の諸相を概観した中で述べ、これらの研究の理論面での弱さの問題に言及している。また箕浦は心理学者にありがちな「文化の違いを他の変数と同じ比重で」扱うことの問題点を指摘している（箕浦、1987、p. 31）。

　本章では以下に留学生についての研究において非常に重要となる文化の捉え方について、1990年代の米国の認識人類学の立場を通して紹介し、留学生を対象とした研究における文化の捉え方の重要性及び問題について検討していく。

1. 文化の捉え方

文化の捉え方は様々であり、その時代や思想の影響を受けつつ変遷を経てきた。例えば「文化人類学の父」と言われるタイラー（Tylor, 1874）は「文化」を定義して、ある社会の人々が習得する知識、信仰、芸術、法律、慣習、その他を含む有機的な統合体だとした。

　しかし1980年代後半ポストモダニズムの影響を受け、「文化」の定義自体がそれ以前のものとは異なってきた。この思想の影響のもとでは、かつてのような静的で統合的な共同体の「文化」は存在しない。「文化」は流動的で常に「語り手」の間で競合しながら変化していく動的なものとして捉えられるようになった。

　「文化」についてのこれら二つの捉え方は大きく異なる。前者が静的、

統合的な文化であるとすれば、後者は動的、変革的な文化である。しかしこれら両極端の文化の捉え方の中で、文化の定義として両方ともに重要であること、すなわち「静的、統合的であり、かつ動的、変革的である文化」として捉えることの重要性が1990年代の米国の認識人類学者の間で指摘されるようになった（Strauss & Quinn, 1997）。

　文化について議論する場合、ダンダラード（D'Andrade, 1995）が指摘するように、文化の何について議論するのか（例：物質文化であるのか、人間の内面の知識についてであるのか）を明らかにし、分析のレベルを小さくする必要がある。そして文化を共有されるものとしてだけでなく、それが個人のレベルでどのように取り込まれるのかという内面化の過程を明らかにしなければならない（Strauss, 1992）。

　文化には共通性（パブリックな側面）と個別性（プライベートな側面）があり、両者が密接に関係する。また個人レベルでの内面の理解の仕方がその個人の実際の行動とどのように関係しているか、人間の内面の動きと外的行動との関係、そのメカニズムを解明することも必要である。その際、集団レベル、すなわち複数の人々の間で共有される側面と、個人レベルを区別して検討する必要がある（Arikawa, 1998）。

2. 文化の問題と留学生教育研究

留学生に関わる問題を文化の問題との関連で研究する場合、文化をどう捉えるかが非常に重要となる。文化の定義の仕方により、分析視点、収集するデータの種類も変わり、ひいては結果も変わっていく。それ故研究者が文化をどう捉えるかを明確に示すことが必要である。文化を定義するという作業は研究者の理論的枠組みを確認することでもある。以下に文化の捉え方が留学生教育研究においてどのように関係するか、インドネシア人留学生を対象として筆者が行ってきた文化習得についての研究を通しての例を挙げながら検討する。

　例えばインドネシア人が日本での生活の中でどのように「日本の文化」

を習得するかということをテーマとしたとする。その際何をもって「文化」と言い、それをどのようにして調べるか、ということを明らかにする必要がある。筆者は「文化」をあるグループの人々が、ある事柄について捉える内面的理解[4]の仕方として捉える。その際、そのグループの人々が共有する内面的理解の仕方と、個人レベルでの理解の仕方を区別する（Arikawa, 1998）。そして日常生活の様々な場面において具体的な事柄について留学生の思考並びに行動を集団レベルと個人レベルで検討していく。

　例えば、ある事柄A（例：友人関係）については日本人と異なる行動をするインドネシア人留学生が他の事柄B（例：研究室での人間関係）においては日本人のように行動するようになったとする。なぜAに関しては日本人のようには行動せず、Bに関しては日本人のように行動するようになるのかが問題となる。またある事柄A（友人関係）については日本人と異なる行動として複数のインドネシア人の間で共通性が見られたとする。しかし別の事柄B（研究室での人間関係）については、インドネシア人留学生の間で行動や解釈に違いが見られたとする。

　このような場合のインドネシア人留学生の間での共通性と差異を説明するためには、各留学生が具体的にどのような体験をし、その体験についてどのように理解しているかを、各留学生の置かれた具体的な場面における言動を通して詳しく調べていく必要がある。

　また検討している事柄についての留学生の言動、それに関連する諸要因を分析する際に重要となるのは、日本の状況を把握するだけでなく、インドネシア人がインドネシアでどのような生活を送り、それについてどのように理解しているのか、インドネシア人のバックグラウンドについても把握することである。

　日本でのインドネシア人留学生の友人関係、研究室での関係について検討するにあたり、インドネシアでの友人関係がどうであったか、インドネシアにおいて日本での研究室に類似するものがあるかどうか、そこで教授と学生はどのような関係かを把握する必要がある。

このように留学生の母国の状況について把握した上で、日本での生活を様々な場面において観察し、また留学生にインタビューを行うことにより、留学生がこれまでの経験をもとに内面的に構築してきた「文化」が、日本でどのように変わったのか、変わっていないのかを調べることになる。

この分析においても、本章の方法論についての議論の中で述べたように、アウトサイダーである研究者が留学生の視点を完全に理解することには限界がある。しかし研究者が著わす留学生の視点ではあるが、可能な限り留学生の視点に近づくことを目指すことはできる。

これまで見てきたように、留学生に関わる問題を文化に関わる問題として捉える研究においては、文化をどう捉えるかが非常に重要となる。文化の定義の仕方により、研究アプローチ、分析視点も影響を受ける。本章では留学生を対象としてエスノグラフィックアプローチから研究を行う筆者が、認識人類学の立場からの文化についての理論的枠組みをもとに、留学生教育研究における文化の問題の重要性について議論してきた。専門分野、研究方法が異なる研究者の捉える文化は、本章で筆者が捉える文化の定義とは異なり、分析の仕方、議論の仕方も異なることは想像に難くない。どの研究者の捉える文化が絶対的であるとは勿論言えない。

しかし留学生に関する研究を文化の問題として捉えて研究する場合、文化の捉え方の重要性を認識し、研究者がどのような理論的枠組み及び研究方法で研究しているのかを明らかにすることが必要である。

IV　エスノグラフィックアプローチを実践活動としての留学生アドバイジング（留学生指導）、国際教育交流に活かす

これまで留学生教育研究の研究方法、理論の問題について議論してきた。しかし留学生の問題は純粋に研究の問題だけではない。留学生は受け入れ

国にて日常的に色々な人との接触がある。その意味では、留学生に関わる問題は実践における重要な問題でもある。例えばどのようにしたら留学生が留学の成果を発揮できるか、また受け入れ国の人々がゲスト留学生とどのように交流、関係を持ったら良いのか、という問題は、重要な実践的活動の課題である。

　この問題は留学生教育研究を異文化間教育学の中で検討すると、より明らかになる。留学生教育研究は異文化間教育学において重要な研究領域の一つとして捉えられている。江淵（1997a）は異文化間教育には実証科学と実践科学としての性格があり、両者は密接に関係していることを指摘している。異文化間教育学には「事実・事象を科学的に解明する研究としての」実証科学と「異文化とのかかわりをもつ意図的・実践的教育活動の範疇ないし形態の次元を含む」実践科学という二つの性格があり、実証科学と実践科学の「相互条件的な関係」、「研究における循環的相互作用過程」がある（江淵、1997a、pp. 18-19）。留学生教育研究における実証科学としての性格と実践科学としての性格の関連性を検討することも重要である。

　以下にエスノグラフィックアプローチによる留学生教育研究が、実践としての留学生アドバイジング、国際教育交流にどのように活用することができるか、三つの点に絞って検討する。

　第一に研究者がインフォーマントと接する際に望ましいとされる姿勢、態度は、留学生アドバイジング担当者の心構えとしても重要である。すなわち留学生アドバイジング担当者が自分の価値観、評価のバイアスを認識し、限界はあるものの、留学生の視点に可能な限り近づくよう努力することが大切である。留学生アドバイジングにおいて基本でありかつ最も重要であるのは留学生との信頼関係である。これは研究者とインフォーマントとの信頼関係にも通じる。いかに留学生に信頼され、事情を詳しく聞けるかが、その後の対応への鍵となる。研究者に求められる姿勢は留学生アドバイジングに関わる担当者の心構えとして示唆するところが大きい。

　上に述べた第一の点は留学生アドバイジングに直接関わる担当者だけ

にとどまらず、留学生と接する受け入れ国の人々一般にも当てはまる。また留学生が受け入れ国の人々と接する場合の心構えとしても参考になる。異なる文化的背景を持つ人々が接する場合、自分の価値観や考え方が絶対的であると見なす可能性がある。そのバイアスをホスト、ゲスト双方が認識した上で、相手の立場を理解しようとする姿勢が大切である。ゲスト、ホストの一方だけがそのことに気づいているだけで、両者がともに相手の立場を尊重することができなければ、相互理解を目指すことは難しい。第一の点が留学生アドバイジング担当者が職務上留学生に接する場合について述べているのに対し、ここでは、より一般的な留学生とホストとのより良い関係を築くために活用できる重要な第二番目のポイントとして挙げておく。

　第三に留学生に関する実証的研究が実践的活動としての国際教育交流に貢献できる点を挙げておく。異文化間に発生する問題のメカニズムがわからなければ、実際に問題が発生した場合、解決への糸口を得られず、同じような問題を繰り返す危険性がある。しかし留学生についての実証的研究を通して、例えば留学生の異文化的体験のメカニズムが明らかになれば、異なる文化的背景を持つ人々の間で問題が発生する仕組みを理解することにもつながる。そして具体的な交流プログラム等を企画する時点で、問題が発生しないように予防策を検討することにもつながるし、また実際に問題が発生した場合の解決方法として役立てることもできる。

　上記三点以外にも実証的研究が実践的活動に活用できる点があるとともに、逆に実践的活動が実証的研究に活用できる点もあると思われる。留学生教育研究においては実証的研究と実践的活動との関係をこれまで以上に密にして、留学についての研究を充実させ、実践の場において留学生を取り巻く環境の改善、またゲストとホストの相互理解を目指していくことが大切である。

V おわりに

　本章ではこれまでの留学生教育研究において量的研究と比較して圧倒的に少ない質的研究の中の一つの方法、エスノグラフィックアプローチ（民族誌的研究方法）を使う場合の利点と問題点について検討した。そして留学生教育研究の理論的課題として文化の問題として捉えることの重要性について検討した。その上で留学生についての実証的研究が留学生に関わる実践活動にどのように活かせるか検討した。

　留学生に関する問題は多種多様であり、様々なアプローチで研究を行うことができる。であるからこそ、留学についての研究を行う研究者は自分の研究方法、分析視角を明らかにすることが必要である。特に留学生教育研究における質的研究の必要性並びに意義については、この研究方法を使う研究者自身がそれぞれの実証的研究を通してもっと強く訴えていく必要がある。

　また留学生に関する研究を「文化」に関わる問題として捉えた場合、研究者が「文化」をどう捉えているかを明確に示す必要がある。「文化」の捉え方によって研究アプローチが異なる。そして研究の前提も異なり、研究の進め方、データ分析の仕方も異なる。研究者の捉える「文化」の定義を明らかにすることは、留学生教育研究の理論の問題として重要である。

　留学についての研究を行う研究者それぞれが、自分の研究方法及び理論的枠組みを明らかにし、それぞれの利点と問題点について率直に議論していくことが、留学生教育研究における方法論及び理論の充実及び発展のために必要である。

　次章では、本章で紹介したものも一部含むが、筆者の研究において参考にしたいくつかの理論的枠組みについて紹介する。

注

1 『異文化間教育』5号(1991)及び同10号(1996)において、日本を中心としたこれまでの留学生教育研究の主な文献リストが載っている。

2 本書では、日本で生まれ育った人を「日本人」と呼ぶ。

3 太田(1998)は、アパイア(Kwame Anthony Appiah)によるモダニズムとポストモダニズムの比較を紹介している。「モダニズムとはある固定的解釈をある社会集団が特権化している立場であるとすれば、他方において、ポストモダンとはまさにそのような特権を否定し、複数の声が主張できるスペースを切り開く立場である」(太田、1998、pp. 176-177)。太田はポストモダニズム、この他カルチュラル・スタディーズ、ポストコロニアル理論等に関連づけて欧米並びに日本の文化人類学の「再想像」を試みている。

4 この「内面的理解の仕方」を具体的にどのように捉えるかという問題については、別稿にて議論している(Arikawa, 1998)。

2 参考にした理論的枠組み

人は新たな環境に入った場合、どのように考え、感じ、行動するのだろうか？ 新たな環境に入るまでに学んだことはどのように活用するのか、それともしないのか？ そこにはどんなことが関係するのか？ 筆者はインドネシア人留学生の世界を描くことを通して、人が第一もしくは第二文化習得後に、更に異なる文化を習得する場合の文化習得プロセスを明らかにしようとした。本章では 1990 年代に活用した理論的枠組みを中心に簡単に紹介する。

I 「学習者」としてのインドネシア人留学生

まずインドネシア人留学生の中で特に大学院生の研究室における経験について分析するにあたり、レイヴとウェンガー（Lave & Wenger, 1991）の「状況に埋め込まれた学習（Situated Learning）」の枠組みを活用した。インドネシア人留学生の所属した研究室での生活を、Lave & Wenger（1991）の「状況に埋め込まれた学習（Situated Learning）」が行われる「実践共同体（Community of Practice）」として捉えると、留学生が研究室活動に関わっていくプロセスについて、ある程度説明することができる。新参者は当初「正統的周辺参加（Legitimate Peripheral Participation）」であるものの、共同体の活動に参加しながら、知識や経験を積み、次第に共同体の中心へと移っていく。

　しかしインドネシア人留学生の研究室での状況、帰国後の職場の状

況を、文化習得プロセスを解明する目的で検討していく場合、Lave & Wenger（1991）の枠組みだけでは捉えられない問題が出てくる。文化習得のように日常生活での多種多様な側面を持つ状況での学習になると、確かにその場の状況は重要である。しかし、その場の状況の把握とともに、当事者の思考や行動、当事者に影響を与える様々な要因と、これらの関連性、また個人レベルでの実践共同体への関わり方も非常に重要である。周辺参加から十全的参加へ移行する（もしくは移行しない）プロセスの解明には、これらの観点が必要である。

II　認知的（Cognitive）アプローチを文化習得の研究に活用する

文化習得の研究において、社会、文化、歴史的要因が、個人レベルでの人間の思考や行動、また人間関係にどのように相互作用していくのか、という問題は、非常に重要である。この問題に関連して、認識人類学の立場からストラウスとクイン（Strauss & Quinn, 1997）が、これまでの「文化」についての文化人類学での捉え方の変遷を追った上で、「文化」は「パブリック（public）」であるとともに「プライベート（private）」であり、「文化」についての研究では、世界（外界）にあるものと、それを人間がどのように内面化するのか、そのプロセスを明らかにする必要がある、と述べている。その一つの方法として筆者たちは認知科学のコネクショニズム（Connectionism）の概念を活用している（Rumelhart, Smolensky, McClelland, & Hinton, 1986）。この概念を使うと、例えば、具体的な場の状況に柔軟に対応していく個人の内的活動について、これまでよりも説明し易くなる[1]。

　インドネシア人の日本留学中の活動、そして帰国後の活動について、文化習得の観点から検討する場合、マクロレベルの要因の影響と個人の思考や行動の関係は勿論、具体的な状況における個人の内的活動と外的活動に

ついて詳しく調べる必要がある。特に個人レベルでの内的活動と外的活動の相互作用を含めた人間の活動プロセスを詳しく分析する場合に、コネクショニズムの概念を活用して行った（Arikawa, 1998）。

III　社会文化的（Sociocultural）アプローチを文化習得の研究に活用する

文化習得プロセスに関する様々な要因と、その関連性を解明するために、旧ソ連の心理学者ヴィゴツキー（Vygotsky, 1978）を中心とした「社会文化的（Sociocultural）アプローチ」と、それに関連するレオンチェフ（Leont'ev, 1981）の「活動理論（Activity theory）」を参考にした。この理論では、社会、文化、歴史等、マクロの要因と、人間の活動（内的活動と外的活動があり、相互に密接に関係している）とのダイナミックな相互作用について説明する。

　インドネシア人留学生の日本での活動、帰国後の職場での活動について分析する際にこのアプローチを活用し、インドネシアと日本の間の歴史から今日の関係を把握するとともに、今日の両国の社会、文化、経済等の様々な要因が、インドネシア人個人の置かれた状況、また具体的な状況におけるインドネシア人及びそのインドネシア人が接する相手の具体的な行動、両者の関係等にどのように関係しているかを調べた。

　また留学時の体験と帰国後の活動との関係を理解するためには、母国と留学先それぞれの大学や大学院の制度やシステム、留学政策、高等教育における教育課程やプログラムについて把握する必要があった。その上でこれらのマクロレベルの要因と、留学生個人レベルでの体験の関係について検討する必要があった。その際にもこのアプローチを活用した。

IV　文化人類学的アプローチによる「研究」

インドネシア人元留学生の追跡研究を通して、インドネシア人元留学生のキャリアにおける留学の長期的インパクトについて検討する中で、「高等教育」「大学院」「研究」についての研究も行った。その際に参考とした一つに、ラトゥールとウールガー（Latour & Woolgar, 1986）による実験室についての人類学的研究がある。ラトゥールはある理系の研究所における研究生活についてフィールドワークを行い、実験を伴う研究がどのように進められ、実験が実際どのように行われ、論文や研究成果につながっていくのか、詳細に記述することを通して明らかにした。

またラトゥール（Latour, 1987）は、「科学」がどのように行われているか、歴史的な変遷を含め、関連する研究分野の文献、実験室における活動、その研究が行われている組織を含めたその時代のコンテクストとの関係性も含めて明らかにした。これらの研究を通して、「研究」が「研究者」によってどのように行われ、そのプロセスにどのような人々や組織が関わるのか、そして「研究」の成果として、誰が何をどのように明らかにするのか、そして、そのことがどのように次の展開につながるのか、「研究」を取り巻く環境を含め、「科学」の世界で行われ、相互のつながりを持つ活動について明らかにした。

これらの「研究」が行われ、「科学」が創られていくプロセスにおいては、客観的な研究対象が人間から離れて存在している、というより、むしろ研究対象と人間、研究に関わる多様な関係者と関係する事や物、それぞれがダイナミックに関わっていく営みとして説明されていた。

筆者はこのアプローチを活用し、「留学」について、留学生、元留学生が、それぞれに関わる状況の中で、どのように置かれた状況を捉え、理解し、判断し、行動していくのか、そこにマクロレベルの制度や組織等がどのように関わるのか、そのダイナミックなプロセスの説明を試みた。

V　文化を習得するということ

これまで紹介した各分野の理論やアプローチを活用しながら、筆者はインドネシア人留学生の留学中に見る世界と留学後に生きる世界、すなわち文化習得のダイナミックなプロセスについて明らかにしようとした。例えばインドネシア人大学院生の場合、留学先の日本では、学位取得という目標があり、その目標達成のために必要な行動を可能な範囲で選択していた。学位取得のためには研究を行い、研究成果を挙げて論文を書く必要がある。そのためには研究分野やテーマについての知識は勿論のこと、研究室における指導教授との良好な関係や学生間の良好な関係が必要だった。また研究室では日常的に多種多様活動があり、それらに留学生は参加していた。しかしながら留学生が常に研究室の全ての活動に参加するとは限らず、また当初参加していた活動について途中で参加しなくなるなど、変化することもあった。様々な理論的枠組みを活用しながら、そのプロセスの解明を試みた。

　また帰国後において、元留学生は自分の置かれた環境や状況のもとで、留学先で習得したものの中から、判断しながら、可能な範囲で選択して行動していた。そのプロセスには、所属先、職場の状況、元留学生、同僚それぞれのバックグラウンド、職場内のメンバーの関係、それに関わるマクロレベルでの社会、文化、高等教育の制度やシステムといった要因が密接に関連していた。

　文化習得プロセスにおいて、置かれた環境が変化する中、学習者個人がそれまでの経験や知識を活用し、その具体的な状況の判断をもとに、可能な範囲で主体的、選択的に行動する。しかしこれら個人の活動には、社会、文化、歴史的要因も影響しており、個人との間でダイナミックな相互作用があった。

VI　おわりに

文化習得のプロセスについて、一つの学問分野の枠組みだけで全てを説明することは困難である。このため、本書では複数の理論やアプローチを活用した。はじめに、「状況に埋め込まれた学習」のコンセプトを活用し、文化の習得が行われる具体的な状況を把握することの重要性を明らかにした。また、マクロレベルの社会、文化、歴史的要因との関係のもとでの人間の心理や内面にについて研究する「社会文化的アプローチ」、人間と文化の関係のメカニズムの解明を目指した「認知的アプローチ」により文化について研究する認識人類学者の理論的枠組みを参考にし、留学生の生きる世界について、個人レベルでの体験を分析するとともに、個人レベルの体験が、留学制度、大学、大学院の制度やシステム、また日本とインドネシアとの関係、国際関係、グローバルな流れとどのように関係しているか明らかにした。更に留学の長期的なインパクトを検討する中で「研究」についての人類学的研究も参考とした。本章ではこれらを活用した本研究の理論的枠組みとアプローチについて簡単に説明した。次章ではこれまでの約20年間の筆者の研究の方法の概要について説明する。

注
1　その後の動きについて、例えばクイン（Quinn, 2011）などが20世紀後半から近年にかけての認識人類学について振り返っている。

3 これまでの研究の方法と概要

本章では、筆者の研究方法について大きく三つの時期に分けて説明する。まず 1990 年の事前調査と 1991-1992 年の A 大学でのフィールドワークについて紹介する。次に 1990 年代後半のインドネシアでの追跡研究の概要について説明する。最後に 2010 年代前半のインドネシアでの追跡研究の概要について説明する。

表 2 に約 25 年間の筆者の研究調査の概要をまとめた。以下に各時期の研究方法について説明する。

I　1990 年の事前調査と 1991-1992 年の A 大学におけるフィールドワーク

1. 事前調査

1990 年夏、事前調査として日本の文部省（当時）[1]にてインドネシア人留学生についての政策に関わる情報を得た。また A 大学及びその他の大学で学ぶインドネシア人留学生 15 名にインタビューを行った。その後インドネシアに 1 か月半滞在し、日本留学経験者 27 名（このうち 13 名が学位取得者）、留学予定者 12 名（このうち 8 名が初めての渡日）へのインタビューを行った。その間日本への公費留学制度についての情報収集のためにジャカルタにある日本大使館、関係する官庁や組織を訪ね、それぞれの留学担当者に会い、インタビューを行い、資料収集を行った。

表2　これまでの研究調査概要

I　日本での調査

調査時期	1990年（2週間）	1991-1992年（1年間）	1994年（1週間）	1995年（1週間）	1996年（5日間）	1997年（3日間）
対象者	A大学在籍中心にインドネシア人留学生15名	A大学在籍（1992年5月時点で21名）を中心としたインドネシア人留学生（内訳：大学院生17名・学部生4名、男性17名・女性4名、大学院生は大学教員と官庁等所属の公務員、大学院正規課程在籍者は1人を除いて母国から家族呼び寄せ）	A大学在籍インドネシア人留学生9名、関係者2名	A大学在籍インドネシア人留学生7名、関係者2名	A大学在籍インドネシア人留学生5名	A大学在籍インドネシア人留学生3名、関係者1名
調査方法	インタビュー	フィールドワーク（参与観察・インタビュー）	参与観察・インタビュー			インタビュー
調査内容	留学生活全般について調査（勉学、研究、留学生間の関係、留学の動機など）	フィールドワーク前半は留学生活について、学内及び学外において行動をともにしながら調査。後半は留学生活において重要となったテーマについてインタビュー中心。	留学生活について追跡調査（勉学、研究、家族との生活、また留学生間の関係など）			

II　インドネシアでの調査（1990年代）

調査時期	1990年（1か月）	1995年（2週間）	1996年（1か月）	1997年（1か月）	1999年（3週間）	2001年（3週間）
対象者	日本留学予定者12名及び留学経験者22名	A大学からの帰国1家族、T大学の留学経験者3名、その他の教員3名	T大学：A大学留学経験者3名、日本の他大学留学経験者9名。官庁：A大学留学経験者1名、日本留学経験者7名	T大学：A大学留学経験者6名、その他の日本留学関係者3名。官庁：A大学留学経験者1名	T大学：A大学留学経験者6名。官庁：A大学留学経験者2名、その他の日本留学経験者3名	官庁：A大学留学経験者2名、その他の日本留学経験者14名、その他関係者4名
調査方法	インタビュー	参与観察・インタビュー				
調査内容	日本留学に関すること、日本での生活、帰国後のキャリア、日本に対するイメージなど	留学から帰国直後の体験、留学に対するインドネシア人教員の考え方など	帰国後の生活（教育・研究・その他の活動）、家族の生活、留学と関係する制度など			

III インドネシアでの調査（2010年代）

調査時期	2011年（2週間）	2012年（1週間）	2013年（10日間）
対象者	T大学：A大学留学経験者6名	官庁：A大学留学経験者1名、日本の他大学留学経験者（日本に加えて、他国の留学経験を持つ者を含む）17名	T大学：日本留学経験者9名（そのうち6名は他国と日本留学経験者）、他国留学経験者4名、インドネシアのみ1名 その他修士号取得者2名（修士について日本と他国1名）
調査方法	参与観察・インタビュー	インタビュー	
調査内容	長期的観点からの留学の影響、キャリアとの関係など		

2. フィールドワーク

1991-1992年にかけて約1年間、A大学のインドネシア人留学生を対象としたフィールドワークを行った。1992年5月時点でA大学に在籍しているインドネシア人は21名だった。A大学以外の大学で学ぶインドネシア人もA大学のインドネシア人と行動をともにすることがあったため、これらのインドネシア人も調査対象となった。しかし中心はA大学で学ぶインドネシア人とした。毎日彼らと行動をともにし、学内外の彼らの活動を参与観察し、インタビューを行った。

調査では基本的にインドネシア語を使用した。通常大学院生とはインドネシア語だったが、学部生で日本滞在が長く日本語に支障のないインドネシア人留学生とは、日本語かインドネシア語を留学生に選んでもらい、いずれかの言語にて話した。

3. フィールドワークの概要

A大学でのフィールドワーク前半の約半年間は、キーインフォーマントとして一時期1名のインドネシア人留学生に絞り、対象とするインドネシア人大学院生と指導教授の許可を得た上で、各留学生の大学での生活を毎日観察した。

平日は毎日研究室での様子を観察した。留学生の研究活動、例えば実験

や指導を受けたり、研究室での報告会への参加から、日常的な研究室スタッフや学生との会話、また食事、休憩時の行動等も含まれた。

　最初の留学生のルーティンがわかるようになった約1か月後に2人目の留学生の観察に移った。2人目の参与観察を通し、1人目の観察で明らかになった事柄との共通点及び差異が明らかになっていった。更に約1か月後、3人目の留学生への観察に移った。こうして合計4名の留学生について集中的に参与観察を行った。この間観察を通して見えてきたことや疑問等について、観察の合間にインフォーマルなインタビューを続けた。

　またフィールドワーク中は平日毎日の大学での観察とともに、週末も留学生たちと一緒に行動し、インドネシア人留学生の学外での生活について参与観察とインフォーマルなインタビューを続けた。これにはインドネシア留学生協会の活動への参加から、個人的に親しい友人との外出や集まりまで含まれた。

　フィールドワーク後半は、前半の参与観察を通して明らかになった事柄について、他のインドネシア人大学院生と学部生を対象としたインタビューを中心とした調査を行った。フィールドワーク後半においても学外でのインドネシア人留学生の活動やインドネシア留学生協会の活動についての参与観察を続けた。

　1章での説明と重なるが、参与観察ではその場の雰囲気を壊さないようにするため、メモをとることもはばかられることが多かった。このような状況下、集中して記憶に頼るとともに、わずかな合間の時間を使って簡単なメモをとり、一日の観察終了後、詳しいフィールドノーツとして記録していった。観察の合間に行うインフォーマルなインタビューも含め、インタビューではメモをとることにとどめ、インタビュー後可能な限り早く記録を取った。

　フィールドワークを通して膨大な量の記録となったフィールドノーツ、インタビューデータを、テーマ、項目ごとに分類整理した。この作業を通して、繰り返し現れるテーマやインフォーマント間での共通点や差異が明

らかになった。そして文化習得に関わる問題、インドネシア人留学生に関わる多種多様な問題、日本の留学生政策、インドネシアの留学生政策、A大学のシステム、インドネシアと日本の関係に至るまで、相互に関連するテーマや問題が浮かび上がった。この作業を続けながら、留学について多角的に分析した。

　このフィールドワーク後、1994年から1997年まで毎年約1週間A大学にて追跡調査を行った。

II　1990年代後半のインドネシアにおける追跡研究

留学を終えて帰国するインドネシア人留学生を対象として、1995年から2001年にかけてほぼ隔年で約3週間から1か月間インドネシアに滞在し、追跡調査を行った[2]。主な対象はA大学で学んだ留学生であり、これら元留学生の帰国後の生活について参与観察とインタビューを行った。またこれら元留学生が所属する機関にて仕事をする他の日本留学経験者についてもインタビューを行った。インドネシアでのフィールドワークは中部ジャワの国立大学とジャカルタの一官庁を中心に行った。

　A大学留学時代から協力を得ていた6名の元留学生の大学教員に対しては、1997年と1999年において、大学での授業、学生指導、研究活動、会議、セミナーや企画、学外の活動等において参与観察を行いながら、インタビューを行った。この他、この大学の教員でA大学以外の留学経験者に対しても、1996年に9名、1997年に3名に対してインタビューを行った。元留学生の自宅に滞在し、家族の生活についても参与観察し、インタビューを行った。

　また官庁職員の元留学生に対しては官庁や研究所のオフィスにてインタビューを中心に行った。1996年に8名、1997年に1名、1999年に5名、2001年に16名の元留学生の官庁職員にインタビューを行った。時間経過

による変化を把握するため、可能な場合、同じ元留学生について訪問した年ごとに会って話を聞いた。上記人数はこれらも重複してカウントしているため、重複を避けてカウントすると、インタビューを行った官庁職員の元留学生の総数は 22 名である。このうち、学部から大学院博士課程まで全て日本で過ごした元留学生は 6 名、学部から大学院修士課程まで日本滞在の元留学生は 4 名、大学院修士及び博士課程のみの元留学生は 8 名、大学院修士課程もしくは博士課程のいずれかで日本へ留学した元留学生は 4 名だった。

III　2010 年代前半のインドネシアにおける追跡研究

2010 年代に入ると、A 大学に留学していたインドネシア人留学生たちが留学後 20 年、帰国後 10 年から 15 年を経過した時期となった。長期的観点から留学の影響や帰国後のキャリアについて研究するために、インドネシアに元留学生を訪ねて追跡調査を行った[3]。インフォーマントを通して他の日本留学経験者へのインタビューを行うとともに、他国留学経験者へもインタビューを行った。

1. 2011 年の調査

2011 年 8 月に約 2 週間、中部ジャワの T 大学の教員である 1 名の元留学生の自宅に滞在した。元留学生とその妻、そして成長した子どもを含む家族の様子について参与観察し、インタビューを行った。

　現地滞在中に合計 6 名の元留学生と個別にインタビューを行った。インタビューは短くて 2 時間、長い場合は複数回にわたり合計 5 時間にわたった。インタビューは主に大学キャンパスの元留学生の研究室で行った。また上記滞在した家族以外にもう 1 名の元留学生の家庭を訪問し、成長した子どもたちも交えて家族と話をする機会を得た。

現地ではインドネシア語を用いた。元留学生から英語や日本語の表現が出ることがあったが、基本的にインドネシア語を使用した。インタビューにおいては予め了解を得て、IC レコーダーに録音するとともに、メモをとった。インタビュー終了後、可能な限り早く、持参した PC 上で記録をつけた。

2. 2012 年の調査

　2012 年 9 月の 1 週間、インドネシアのジャカルタに滞在した。A 大学留学時代から協力を得ていた官庁所属の元留学生と事前に電話やメールでコンタクトし、協力を依頼した。その際に約 10 年前の追跡調査時にインタビューを行った元留学生へ今回の調査協力の打診を依頼した。また、その他の博士号を持つ日本留学経験者についても調査協力の打診を依頼した。

　上記元留学生を通して事前にインタビューの手配をしてもらった元留学生に加え、ジャカルタ滞在中にも引き続き、彼の同僚の協力も得て、他の元留学生へのコンタクトと面談の約束を入れてもらい、合計 18 名の工学系の日本留学経験者にインタビューを行った。このうち 6 名は約 10 年前の追跡調査においてもインタビューを行った元留学生であるが、この中には日本留学に加え日本以外の留学経験を持つ者も含まれる。

　インタビューはインフォーマントの職場に筆者が出向き、1 名ずつ行った。各インタビューの時間は平均すると約 1 時間、言語はインドネシア語もしくは日本語を元留学生に選択してもらい、許可を得て、IC レコーダーに録音し、メモを取った。インタビュー終了後、可能な限り早く、持参した PC 上で記録をつけた。

3. 2013 年の調査

　2013 年 8 月の 10 日間、中部ジャワの T 大学にて、大学教員 16 名を対象としたインタビューを行った。2 名が修士号保持者、14 名は博士号保持者だった。全員が A 大学留学時代からの元留学生を通して紹介を得た日本

留学経験者、他国留学経験者であり、留学時期は、約 25 年前の留学体験者から最近の帰国者までを含んだ。

　今回の調査では日本留学経験者を中心としつつ、他国留学の経験者へもインタビューを行うことで、留学先としての日本と他国について、特に研究面での体験と、帰国後の教育研究活動への影響について調べた。

　インタビューは元留学生のオフィス、もしくは筆者が借りていたオフィスにて 1 名ずつ行った。各インタビューの時間は平均で約 1 時間、言語はインドネシア語もしくは日本語を元留学生に選択してもらった上で行った。また許可を得て、IC レコーダーに録音し、メモを取った。インタビュー終了後、可能な限り早く、持参した PC 上で記録をつけた。

　以上が 2010 年代前半の追跡研究の概要である。

　これまでの研究を踏まえ、今回の追跡研究においても、調査後、インタビューデータを何度も読み返しながら、元留学生の間や留学先等により共通する点とともに、異なる点について、整理と分類と分析を行った。そして長期的観点からのインフォーマントへの留学の影響、特にキャリアとの関係を中心に検討した。

　以上が本研究の概要である。次章では、本書に登場するインドネシア人留学生を紹介する。

注
1　現在は「文部科学省」であるが、「文部省」という当時の名称をそのまま使った。
2　1996 年の調査は熊本学園大学付属海外事情研究所調査研究費、また 1997 年、1999 年、2001 年の調査は日本学術振興会の助成を受けて行った。
3　2011-2013 年度（平成 23-25 年度）科学研究費補助金「20 年後の「日本留学」の意味：インドネシア人日本留学体験者のキャリアから考える」（基盤研究 B）の助成を受けて実施した。

4 本書に登場する
　　インドネシア人留学生

本書ではA大学に留学したインドネシア人留学生たちが複数登場する。表3に本書に登場するインドネシア人留学生の一覧を紹介する。その中から今後複数の章において登場するPak Pranowo、Pak Taufik、Pak Zainal、Albertusについて、A大学での所属、留学期間、留学後の所属、家族について簡単に紹介する[1]。

表3　本書に登場するインドネシア人留学生

Ⅰ　複数の章にわたり3回以上登場

登場する章	名前	A大学留学期間	A大学での所属	在籍課程 学部	在籍課程 博士前期・後期	最終学位	インドネシアでの所属	留学時の婚姻状況 来日時	留学時の婚姻状況 留学中	家族
6, 8, 9, 12, 13	Pak Pranowo	1989–1995	工学系	インドネシア	A大学	博士号	大学	既婚・単身	呼び寄せ	Mbak Atu, Tito, Mahendra, Edo
5, 6, 9, 12, 13	Pak Taufik	1989–1995	工学系	インドネシア	A大学	博士号	大学	既婚・単身	呼び寄せ	Bu Taufik, Cuk
6, 8, 9, 14	Pak Zainal	1991–1997	工学系	インドネシア	A大学	博士号	官庁	既婚・単身	呼び寄せ	Mbak Mia, Deni
5, 6, 11	Albertus	1987–1996 (1986–1987日本で予備教育)	工学系	A大学			官庁	未婚	結婚	

II　II部に登場

登場する章	名前	1992年時点のA大学での身分	インドネシアでの所属	他の部でも登場	家族
5	Pak Simbolon	博士前期	官庁		
5, 7	Supriyanto	学部3年	無		
5, 7	Angraeni ★				
7	Magdalena ★	学部2年			
7	Kartika				
8	Pak Slamat	博士前期	官庁		
8	Pak Cuk		大学	13章でも登場	
8	Pak Poncho				
8	Bu Wati ★	研究生			
8	Bu Lilik ★		官庁		
8	Bu Puspa ★	博士前期（他大学）	大学		
8	Pak Kelik	博士前期		13章でも登場	
9	Pak Abdulah		国営企業		Bu Abdulah, Alpha

III　III部に登場

登場する章	名前	日本への留学期間	学部	博士前期	博士後期	最終学位	インドネシアでの所属
11	Dani	1989-1998	日本		日本（他地区の別の大学院に進学）	博士号	官庁
11	Pak Zulkifri	1987-1989、1993-1996	インドネシア	日本	日本		
11	Edi	1986-1996	日本				
11	Widowati	1986-1996					
12	Pak Jonny	1995-1999	インドネシア				大学

IV　IV部に登場

登場する章	名前	日本への留学期間	他国への留学期間	学部	博士前期	博士後期	最終学位	インドネシアでの所属
13	Bu Maya ★	1992-1997		インドネシア	A大学	A大学	博士号	大学
13	Pak Kelik	1990-1996		インドネシア	A大学	A大学	博士号	大学
13	Pak Cuk	1989-1996		インドネシア	A大学	A大学	博士号	大学
14	Pak Dion	1988-1999		日本	日本	日本	博士号	官庁
14	Pak Hendrik	1988-1994		日本	日本	日本	博士号	官庁
15	Pak Dadang	2001-2007		インドネシア	日本	日本	博士号	大学
15	Pak Tito	2009-2013	2002-2004	インドネシア	シンガポール	日本	博士号	大学
15	Pak Heri	2006-2009	2004-2006	インドネシア	マレーシア	日本	博士号	大学
15	Pak Waloyo		2001-2007	インドネシア	オランダ	オランダ	博士号	大学

＊　III, IVの日本留学経験者について、A大学以外の場合は「日本」と記す。
＊　★の付いている留学生は、すべて女性。

I　Pak Pranowo

Pak Pranowoはインドネシアの大学の学部を卒業し、同じ大学の大学教員となった。その後インドネシア政府奨学金を得て、1989年春に来日した。半年の予備教育を経て、1989年秋からA大学工学系研究科の研究生となった後、修士課程（当時）の入試を経て、1990年春から同大学修士課程に進学した。その後、博士課程（当時）の入試を経て、1992年春から博士課程（現博士後期課程）に進学した。

Pak Pranowo は修士課程の時代、特に最初の頃は、研究室内外の色々な活動に参加していた。それらは研究に関わるセミナーや報告会から、歓送迎会、忘年会、一泊旅行まで、多岐にわたった。Pak Pranowo の研究室では彼が初めての留学生だった。研究室には複数の研究グループがあり、グループでの研究が行われていた。

　修士課程の期間、Pak Pranowo には同学年の日本人学生がいたこともあり色々な面でサポートしてもらっていた。しかし同級生が卒業し、Pak Pranowo だけが博士課程に進学すると、状況が悪化した。Pak Pranowo が捉える A 大学大学院での研究室生活については 6 章にて詳しく描いていく。

　Pak Pranowo は留学当初、家族をインドネシアに残し、単身で来日し生活する中、インドネシア人留学生の友人たちとともに留学生協会の活動にも積極的に参加していた。その後博士課程に合格した 1992 年 8 月に家族、妻の Mbak Atu と 3 人の子どもを呼び寄せた。家族が日本の生活に慣れるまで色々と大変なことがあったが、次第に家族も日本の生活に慣れていった。インドネシア人留学生の友人を通して知り合った日本の家族との交流の他、Mbak Atu は他のインドネシア人留学生家族の他市への引っ越しに伴い、パート先を紹介してもらい仕事を始めた。仕事に慣れるに従い、職場で知り合った友人との交流を楽しんだ。子どもたちは学校、保育園での生活に少しずつ慣れていった。Pak Pranowo は平日は夕食時に一旦帰宅し家族と食事をしたあと、研究室に戻る生活を続けた。週末の昼間は家族との時間を過ごした後、夜に研究室に戻る生活を続けた。

　Pak Pranowo は研究上の困難が続いた。当時の博士課程 3 年目の 1994 年秋の時点で、学位取得に必要な投稿論文数が足りず、博士課程 3 年間では学位が取得できないことが明らかになった。指導教授からは奨学金期間の終わる翌年春に一旦帰国し、論文を完成させ、公聴会と学位取得のために再来日することを勧められた。しかし彼はそれには従わず、奨学金が切れた後も家族とともに日本にとどまり、貯金とアルバイトの収入等で切り詰めた生活を続けた。そして博士号を取得した 1995 年秋に家族とともに

帰国した。

　Pak Pranowo は帰国当初、留学中の数年間のブランクを乗り越える必要があった。しかし困難な留学を乗り越えて博士号を取得をする中で得た自信を持って教育研究に取り組むとともに、様々なプロジェクトにも積極的に活動を続けていった。その後所属先大学を中心に順調に教育、研究、社会貢献の活動を続け、2009 年に教授に昇進し、2011 年に学科長となった。帰国後時間が経過する中、Pak Pranowo は日本留学から良いものと評価したものについて活用するようになっていた。例えば、学生間でお互いに研究について学び合うこと、教員が研究資金を得て、学生の研究費用を負担すること、学生が自由に使えるスペースがあること、これらは Pak Pranowo が、A 大学の所属研究室での経験を踏まえ、帰国後取り入れたことだった。Pak Pranowo の指導のもと学生グループが研究を行い、その成果は学生の研究成果であるとともに Pak Pranowo の研究成果となった。また Pak Pranowo は学科内のスペースを実験室として確保した。そこは学生が実験するスペースに加え、学生たちが一緒に過ごすスペースや簡単なキッチンまで備えたものだった。Pak Pranowo はアシスタントに指示を出し、学生への研究指導を行いながら、多方面で積極的に活動を続けていた。

　帰国後約 15 年を経て、成長した子どもたちは全員 Pak Pranowo が教員をしている大学に進学した。長男は大学を卒業し、日系企業に就職した。

II　Pak Taufik

Pak Taufik はインドネシアの大学を卒業し、大学教員となった。研修プログラムにより A 大学にて 1 年間研修を受けた際の指導教授とのつながりから、一旦帰国後、日本政府の奨学金を得て、1989 年に国費留学生として来日した。半年間の予備教育後、1989 年秋に A 大学大学院の工学系研究科に進学した。Pak Taufik の研究室では複数の留学生を常に受け入れて

いた。Pak Taufik は修士課程の間は指導教授と良好な関係にあった。Pak Taufik の研究分野では基本的に 1 人で実験を行う研究だった。Pak Taufik は研究指導の担当教員、同じ部屋の先輩の日本の大学院生から研究面その他で相談に乗ってもらいアドバイスを受けながら生活を送っていた。

　Pak Taufik は家族を呼び寄せて生活をした。Pak Taufik の妻 Bu Taufik は 1992 年に第二子を出産し、Pak Taufik は妻と家族の世話をしながら、研究を続けた。

　Pak Taufik は修士課程修了後、当時の博士課程に進学した後、指導教授により研究テーマを変更するよう指示された。それに従った Pak Taufik は実験を続けたものの研究成果の挙がらない時期が長く続いた。同じ研究室の准教授や先輩にも相談しながら実験を続けた。その後ようやく研究成果を挙げ、学位を取得し 1995 年 12 月に帰国した。

　帰国後は大学教員として教育、研究、社会貢献に積極的に活動し、次第に安定した生活を送るようになった。Pak Taufik は日本の大学との関係を持ち続け、学生の派遣や受け入れに積極的に取り組んだ。

　帰国後 15 年が過ぎ、子どもたちは成長し、Pak Taufik が教員をしている同じ大学の大学生となった。

III　Pak Zainal

Pak Zainal はインドネシアの大学を卒業後、官庁所属の国家公務員となった。インドネシア政府の奨学金と日本政府の国費留学生の奨学金の両方に応募していたが、国費留学生としての採用が先に決まったことから、国費留学生として 1991 年秋に来日した。半年間研究生をした後、1992 年春から当時の修士課程に進学した。Pak Zainal は来日後すぐに家族呼び寄せの準備を始め、1992 年春に家族が来日した。

　家族来日当初、妻 Mbak Mia と子どもが家で過ごすことが続き、Pak

Zainal は家族が孤立することを心配した。Pak Zainal の家族が住む市では、親が仕事を探す段階から子どもを保育園に預けることが可能だった。そこで Pak Zainal と Mbak Mia は子どもを保育園に預けた。しかし子どもは保育園に当初は慣れなかった。それでも時間が経つにつれ、子どもは次第に慣れていった。また Mbak Mia はパートの仕事を見つけて、そこから知り合いや友人関係を広げることができた。

　Pak Zainal はインドネシア人留学生協会の活動にも参加した他、インドネシアにいる時から続けてきたバドミントンを地域の体育館で続けた。その中で知り合った日本人、また Mbak Mia がパートに出て友人関係を広げていく中、家族ぐるみで色々な日本人との付き合いを広げた。

　Pak Zainal は当時の修士課程修了後、1994 年春に博士課程に進学した。しかし彼を最初に受け入れた指導教授が退官したことに伴う研究室の変化に困難を抱え、新しい教授との関係や研究上の問題など苦悩する時期が続いた。その後、何とか研究成果を挙げ、論文を提出し、学位を取得し、1997 年に帰国した。

　Mbak Mia に第二子の妊娠がわかったのは、Pak Zainal の博士課程後半の時期だった。Mbak Mia は夫のためには先に帰国した方が良いのか、日本にとどまった方がよいのか、悩んだ末、日本にとどまり出産した。夫が研究に専念できるように配慮し、彼女はそれまでに親しくなっていた日本の友人等にポートしてもらうことで乗り越えた。

　Pak Zainal は帰国後官庁で専門知識を活かし、エンジニアとしてのキャリアを歩んだ。帰国後、Pak Zainal の家族は大学生向けの寮を始めた。また Pak Zainal は地元の大学で教鞭をとる機会も持つようになった。帰国後約 15 年が過ぎ、長男は Pak Zainal の卒業した同じインドネシアの大学に進学していた。長女は中学生となっていた。

IV　Albertus

Albertus はインドネシアの高校を卒業後、インドネシア政府奨学金に申請し採用され、1986 年春に来日し、1 年間の予備教育後、A 大学の学部生として進学した。彼はインドネシア政府奨学金採用の時点で国家公務員となったため、留学後は帰国し、所属官庁にて仕事をすることになっていた。Albertus は A 大学卒業後、同じ A 大学大学院工学系の研究科の当時の修士課程に進学した。そして引き続き博士課程まで A 大学にて過ごし、博士号を取得し 1996 年春に帰国した。

　Albertus は学部から日本で生活してきたこともあり、大学院生となってから日本語でのコミュニケーションの問題はなく、研究室では日本人と思われるほどだった。同じ研究室の後輩に対しては、他の日本人学生と同様に先輩として後輩を指導していた。

　しかしながら Albertus の日本人との関係は大学や研究室での関係に限られていた。また彼は日本人一般に対して冷めた見方をしていた。日本はアジアの中で一番発展して、アメリカ、ヨーロッパと同じか、欧米が上と思っている、上の人と付き合いたいのは仕方がない、と捉えていた。

　またインドネシア人留学生協会の活動からも距離を置いていた。積極的な留学生たちは大学院レベルで留学してきており、彼との年齢差も大きかった。彼は博士課程在学中に結婚した。

　1996 年に帰国し、インドネシアの所属官庁において、Albertus はなかなか馴染めずにいた。10 年間の日本留学中、進学した A 大学の大学院において実験系の分野での研究を続けてきたものの、帰国後の所属先では実験系の研究ができる環境になかった。Albertus の世代は学部からインドネシア政府派遣で留学し、大学院まで修了した留学生が帰国した初期の時期であった。同じ時期に学部から留学して大学院まで進んだ後に帰国した友人たちとコミュニケーションをとりながらの模索が続いた。

　その後 Albertus は実験のできる研究所に異動した。1990 年代後半のイ

ンドネシアでの情勢の変化の中で、Albertus は家族の将来のことを考えるようになっていた。

　以上、4 名のインドネシア人留学生について 1990 年代初めから 2010 年前半までについて時系列でごく簡単に紹介した。今後本書の中でその時期その時期においてこの 4 名も登場することになる。
　6 章では 1992 年当時、A 大学大学院の修士課程もしくは博士課程に進学した時期でのそれぞれの捉える大学院生活を紹介する。9 章では家族を伴う留学について描く中で登場する。その後 11 章と 12 章において、帰国当初から数年後の元留学生の捉える世界を描く中で登場する。更に Pak Pranowo、Pak Taufik、Pak Zainal については 13 章と 14 章において留学から約 20 年が経過した時点での元留学生の捉える世界を描く中でも登場する。
　読者の皆さんが今後読み進める中で参考にしてもらえるとありがたい。

注
1　インドネシア語では年齢が上の男性に対して、尊称として名前の前に「Pak［Mr.］」をつけることが多い（例：Pak Zainal）。その妻に対しては「Bu［Ms.］」を夫の名前の前につけて呼ぶことが多い（例：Bu Zainal）。しかし親しくなると、妻自身の名前もしくはニックネームで呼び、その前に「Mbak」をつけて呼ぶようになった（例：Mbak Mia）。本章では留学生の妻達と筆者がフィールドワーク中に呼んだ呼び方に従った。

II 部

日本に留学した
インドネシア人留学生の見た世界

1990 年代前半

5 留学生が生まれる仕組み
国家政策と留学制度

本章では国家政策や制度を通して留学生が生まれる仕組みについて、1980年代後半から1990年代にかけてのインドネシア政府と日本政府の奨学金制度について、その受給対象者及び選抜プロセスを通して検討する。そしてこれらの奨学金を得たインドネシア人が留学してきた背景について、1991-1992年のA大学の留学生のケースを通して具体的に調べる。

I　インドネシア人の日本留学

1980年代後半から1990年代前半にかけて、インドネシア人の日本留学は歴史的に見て第三のピークを迎えた。第一のピークは第二次世界大戦中の「南方特別留学生」、第二のピークは日本とインドネシアの賠償協定に基づく「賠償留学生」だった[1]。1980-1990年代の第三のピークは特にインドネシア政府派遣の留学生の増加によりもたらされた（図2）。

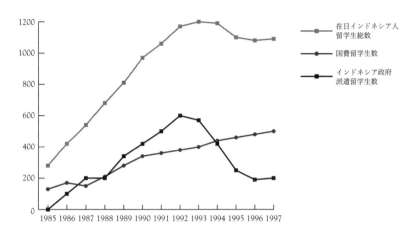

* インドネシア政府派遣留学生在籍者数は 1990 年より JIF が公表。それ以前は各年の派遣者数 (JIF のデータ) をもとに算出した。

図 2　在日インドネシア人留学生数の推移（1985–1997 年）

　この第三のピークである 1980-1990 年代の留学制度についての情報収集は、政府関係組織へのインタビューに加え、インドネシア政府派遣留学生に関する業務を行っている日本インドネシア科学技術フォーラム[2]（以下 JIF と略す）を通して行った。A 大学のインドネシア人留学生は日本政府もしくはインドネシア政府の科学技術系留学プログラムの奨学金を受けて来日していたため、これらの奨学金制度に絞って見ていく。

　表 4 に奨学金、大学での課程、選抜担当、奨学金受給対象者、留学後の進路について分類した。以下にそれぞれの奨学金制度について詳しく見ていく。

表4 インドネシア人公費留学生の奨学金別・課程別分類

奨学金の種類	インドネシア政府[*1]		日本政府	
課程	大学院	学部	大学院	学部
選抜担当	BPPT/SRO2[*2]	BPPT/SRO	インドネシア教育文化省・関係省庁	日本大使館
奨学金受給対象者	国家公務員（関係省庁・基幹産業会社）	高校卒業生（受給決定時に国家公務員となる）	国家公務員（大学教員中心）	高校卒業生
留学後の進路	所属先に戻る	卒業までに決まる配属先に勤める	所属先に戻る	未定

*1 インドネシア政府派遣留学制度については1990年代前半の時点の科学技術系政府派遣留学制度に絞っている。
*2 技術評価応用庁・学生課。

II インドネシア政府の奨学金制度

1. 多様な留学プログラム

インドネシア政府は国家開発に必要な人材育成のために海外への留学制度を実施してきた[3]。その中から1980年代後半以降の日本への派遣と関係のあるものについて見ていく。インドネシアは1980年代初めに研究及び技術分野において必要なマンパワーの予測を行ったが、科学技術分野の専門家が将来かなり不足することが明らかになった（OFPIU, 1988, pp. 1-2）。5年ごとの開発計画（Repelita）IV（1984-1989年）及びV（1990-1995年）のもとで工業化、経済発展を進めるインドネシアでは、全ての科学技術分野での専門的技術及び専門家[4]の養成が急務と認識された。

このような状況の中で始まったのが世界銀行の借款を得て1985年にスタートしたOFP（Overseas Fellowship Program）である。この計画では

1985-1992 年の間に 1,500 人の科学技術分野のインドネシア人を日本及び西欧諸国等 12 か国[5]に派遣するものだった（OFPIU, 1988, p. 22）。この中で 1,200 名が学士、修士、もしくは博士の学位を目指し（degree program）、300 名が大学や企業で研究、研修をすることになっていた（non-degree program）[6]。

その後日本の海外経済協力基金（OECF）の借款を得て、1989-1995 年の間に科学技術分野で 400 名を派遣する科学技術人材開発計画、いわゆる STMDP（Science and Technology Manpower Development Program）[7]が始まった。これは 1988 年 6 月に日本政府がインドネシア政府に対し 60 億 6,700 万円の人材育成プログラムへの借款を約束したことによる（『JIF News』No. 9、1989 年 7 月）。このプログラムでは 400 名中 6 割が日本向けに派遣されることになった（所澤、1989、p. 3）[8]。また世界銀行と OECF の融資により、インドネシアの工業開発に関わる科学技術整備計画 STAID（Science and Technology for Industrial Development）の中の人材育成プログラムとして、1990-1997 年の間に科学技術系で留学生を派遣することになった。

これらのプログラムによる奨学金の受給者はインドネシア政府 6 機関（LPND）[9]に勤める科学技術系専門の国家公務員だったが、更に STAID プログラムからは基幹産業庁（BPIS）[10]傘下の国営の基幹産業 10 社からも派遣されるようになった（『JIF News』No. 15、1992 年 8 月）。これら科学技術系インドネシア人留学の選抜及び事務に関しては、上記 6 機関の一つ、技術評価応用庁（BPPT）が中心となって業務を行っていた。本章では、以上の科学技術系の留学制度による奨学金を「インドネシア政府奨学金」と呼ぶ。

上記の科学技術系に限った留学制度とは別に、インドネシア政府官庁に勤める社会科学系専門の国家公務員を大学院レベルで派遣する高等人材開発事業計画 PHRDP（Professional Human Resources Development Project）[11]が世界銀行と OECF の借款を得て 1991 年に始まった。このうち日本へは

英語による課程を持つ大学院に限って派遣するようになった。この他に日本の海外経済協力基金（OECF）のローンを得て国立大学シア・クアラ大学から1994年と1995年に総数38名、バンドン工科大学から1995年に32名の若手教員が大学院進学予定で派遣されてきた。このプログラムは2大学それぞれのプロジェクトであるが、インドネシアの教育文化省高等教育総局（DGHE）が所管していた（『JIF News』No. 20、1994年8月；No. 21、1995年5月）。

インドネシア政府派遣留学制度の中には様々な種類があり、それぞれ専攻分野が指定され、インドネシア国内の選考を担当する部署、そして各部署の派遣留学生に対する方針が異なることがわかる。次に科学技術系の留学生派遣制度に絞って見ていく。

2. インドネシア政府奨学金

技術評価応用庁（BPPT）の中の学生課（Student Relations Office、以下 SROと略す）は科学技術系の分野で派遣するインドネシア人の留学に関する業務及び留学中のモニタリング（監督）を行っていた。SROは選抜試験を行い、留学予定者を選び、それぞれの留学先国及び専攻分野を決定した。この際インドネシア政府の国家計画、例えば専門分野別に必要とされる人材育成計画と関連させて決定していた。

この奨学金を得て留学した場合、各留学生には3か月ごとの報告書提出が義務づけられていた。その他日本へ留学中のインドネシア人へのモニタリングとして毎年4月と9月にBPPT/SROの担当者が日本を訪れ、三つのグループに分かれてインドネシア政府派遣留学生のいる各地を回った。その際これらの留学生と意見交換する機会を持つとともに、必要に応じて大学の指導教員と会うこともあった。

日本へのこれらインドネシア政府派遣留学生についてBPPT/SROと協力しているのが前述の日本インドネシア科学技術フォーラム（JIF）[12]だった。JIFからも毎年3回インドネシアへスタッフが出向き、BPPTでインド

ネシア政府派遣留学生に関する打ち合わせを行った。この他、JIFはインドネシア奨学金を得て来日するインドネシア人全員の来日手続き、来日までに受け入れ大学が決まらないインドネシア人[13]のために大学及び宿舎の世話、これらの留学生の在学中の奨学金支給、その他の事務手続き、またインドネシア人留学生からの各種の個別相談への対応を行っていた。

次にBPPT/SROでの調査（1990年6月）、インドネシア人留学生への調査、そしてJIFへの調査をもとに、大学院レベルと学部レベルに分けてインドネシア政府奨学金の対象者及び選抜プロセスを明らかにしていく。

3. 大学院レベルの奨学金
（1）対象者

インドネシア政府奨学金に応募できるのは大学学部を卒業した現職の国家公務員だった。学位取得を目指すコースでインドネシア政府奨学金を受給するには派遣の時点で35歳未満という内規があった。35歳以上の場合は産業研修生[14]として来日し、半年の日本語研修後、1年間の大学もしくは企業での研修が決まっていた。ただし大学で研修中に大学院の入学試験を受けて正規の課程に合格すれば滞在を延長して学位取得を目指すことが許されていた。

（2）選抜プロセス

インドネシア政府奨学金への応募者は留学希望国上位2か国、専門分野、仕事の経験、そして留学先での研究計画を書いて提出した。所属先の上司の許可を得た上で提出した申請書類は所属官庁で一括され、BPPTに回された。

この奨学金の選抜試験には4段階あった。1992年4月来日組の場合、1991年5月に1. 学科試験、2. 心理テスト、3. 筆記試験及び面接があった。この1.から3.までの試験に合格した者は6月に4. 英語の試験及び健康診断を受けた。英語はTOEFLの試験だった。健康診断についてはBPPT指

定の病院で受けた健康診断により「健康」から「健康ではない」まで4段階に診断され、上位3段階の診断を得た者には留学資格が与えられた。それでも一番上の段階の「健康」という評価を得た者以外は条件付き許可で、指定された医師から診断を受けなければならなかった。この通知後1か月の間に健康状態が改善しなければ留学資格はなくなることになっていた。

　これら一連の選抜試験を経て最終的に残ったインドネシア人が政府派遣留学予定者となった。BPPT/SRO は留学プログラムの国別派遣人数の割合に基づき、これら留学予定者が提出した留学希望国、選抜試験の結果、国家開発計画を勘案した上で、各留学予定者の留学先国を決定した。

　留学先国が日本と決まった国家公務員は事前研修として 1991 年 7 月から 1992 年 3 月まで、ジャカルタの日本語学校にて日本語を学んだ。これらのインドネシア人は一定レベルの日本語能力に達することが求められ、日本語研修修了時の試験に合格して最終的な渡日許可が出た[15]。

　この日本語研修中の 9 月に、日本への留学予定者は日本大使館にて英語で面接を受けた。この面接はインドネシアと日本の間の政府間協定と関係がある。当時の文部省は当時のハビビ国務大臣に対し、インドネシア政府派遣留学生の日本の大学への配置について協力を約束していた。しかし文部省が協力可能な人数に限りがあるため、文部省はこの面接結果により、日本留学予定者を二つのグループに分けた。一つのグループは「文部省グループ」と呼ばれ、文部省が 6 か月の語学研修大学及び宿舎とその後の専門分野を学ぶ大学の世話をした。大体翌年始めには文部省が JIF と BPPT を通じて、このグループの各留学生の受け入れ先を連絡した。彼らは 1 年の留学ビザを得て来日することになった。

　もう一つのグループは「ノン（非）文部省グループ」と呼ばれ、文部省は受け入れ先の世話をしない。このグループの場合、来日当初 6 か月の日本語研修大学と宿舎を JIF が用意した。これらの学生は 6 か月間有効のビザを得て来日することになった。更に JIF はこのグループの学生が専門分野を学ぶ大学を探し、直接コンタクトして受け入れの交渉を行った。

このように大学院レベルで同じインドネシア政府奨学金を受けることが決まっても、1990年代前半は文部省の関わり方の違いにより、留学予定者の受け入れ大学や宿舎の決定、そして来日当初に置かれる状況にも違いが出ていた。

4. 学部生の奨学金
(1) 対象者
大学院レベルのインドネシア政府奨学金は現職の国家公務員が対象となるのに対し、学部レベルは高校を卒業したばかりの若者が対象となった。そして大学院レベルとは別に選考が行われた。高校3年生が卒業する5月から6月にかけて政府派遣奨学金の募集案内が雑誌や新聞に載り、また高校に直接送られた。

(2) 選抜プロセス
出願者は高校時代の主な科目——数学、生物、英語、物理、化学——の成績の平均が10段階評価の7.0以上でなければならなかった。選抜試験は4段階だった。7月初旬に学科試験があり、その後各段階の試験の間それぞれ2週間をおいて各段階での合格者に対し、心理テスト、健康診断、イデオロギー[16]テストが行われた。これらの試験を経て最終的に残った若者が学部レベルのインドネシア政府奨学金を受けることになった。この時点で彼らは国家公務員として採用され、所属官庁[17]も決まった。

大学院レベル同様、BPPT/SROが学部留学予定者の留学先国を決定した。この中で日本が留学先国となった者は9月から約6か月間、日本語の研修を受けるとともに、物理、数学、化学等の基礎科目をインドネシア語で学んだ。その間9月に日本大使館にて筆記試験を受け、大学院生同様「文部省グループ」と「ノン（非）文部省グループ」に分けられた。

インドネシア政府派遣留学生の専攻分野は国家計画で必要とされる分野中心に指定されていた。と同時に派遣先国選定にローンの借り入れ先との

関係が影響していた。日本への派遣は、当時のハビビ国務大臣の日本への留学生派遣に対する強い意欲も影響していた。前述のようにこの時期のインドネシア政府派遣留学プログラムは円借款によって行っているものが多かった。その関係で派遣先国の中で日本の割合が最も高くなっていた。

III　日本政府の留学制度　インドネシアの場合

1. 文部省奨学金の種類

海外から応募する日本政府の奨学金（以下文部省奨学金[18]と呼ぶ）には大きく分けて二種類あった。一つは大使館推薦（G to G）であり、その中に六種類のプログラムがある。大学院レベルでは研究留学生、教員研修留学生、学部レベルでは学部留学生、日本語・日本文化研修留学生、高等専門学校留学生、専修学校留学生（文部省学術国際局留学生課、1998、p. 14）がある。大使館推薦の場合、受け入れ過程の一般的な流れは通常約1年前から始まる（文部省、1998、p. 13）。

　インドネシア国内の選考を経て決まった日本留学予定者について、ジャカルタの日本大使館が日本の文部省（当時）に連絡した。それを受けて文部省は日本国内の大学等関係機関の受け入れ先を探した。受け入れ大学及び指導教員が決まると、文部省はジャカルタの日本大使館に連絡した。4月来日の場合、来日する年の1月から3月にかけて受け入れ大学が決まった。

　海外から応募する文部省奨学金のもう一つの種類は大学推薦（U to U）だった。日本人教員が共同研究やセミナーでインドネシアを訪れた際に知り合ったインドネシア人がこの制度（U to U）を使って文部省の奨学金に応募することがあった。大学院レベルでの留学を希望するインドネシア人が日本の大学の教員に直接コンタクトし、もし依頼された教員がこの留学希望者を受け入れることを了承すれば、その教員が学生に代わって日本で

所属大学に応募した。各大学内でまず教員の提出した留学希望者の応募書類を審査し、留学生の受け入れ優先順位を決め、文部省に推薦した。それを受けて、国費留学生選考委員会が決定した。

以下にインドネシアの日本大使館での調査（1990年7月）とA大学インドネシア人留学生への調査をもとに、大使館推薦（G to G）による大学院研究留学生と学部留学生の奨学金制度それぞれの対象者と選抜プロセスについて明らかにしていく。

2. 大学院レベルの文部省奨学金

(1) 対象者

大使館推薦の場合、大学院レベルの文部省奨学金応募者の選考はインドネシア教育文化省が行っていた[19]。しかも募集対象は国家公務員が中心だった。実際にこの奨学金を得たインドネシア人の多くは教育文化省の管轄下にある大学の若手教員——すなわち国家公務員——だった。この他に教育文化省以外の官庁や政府関係機関から派遣された国家公務員もいた。

(2) 選抜プロセス

1992年4月来日組の大学教員の場合、インドネシアの教育文化省から文部省奨学金についての募集案内が大学にあったのは1990年12月から1991年1月にかけてだった。応募を希望する者は1991年5月までに応募申請書及びその他の書類（過去の研究概要、日本での研究計画、健康診断書、成績証明書等）をインドネシア教育文化省の担当部署に送った。応募申請書には大学と指導教官の希望の有無を尋ねる欄があり、その希望がある場合、その大学名と教官名、その教官とのコンタクトの有無を書くようになっていた[20]。書類審査がインドネシア教育文化省のいくつかの部署で行われ、その後面接が行われた。筆記試験はなかった。

面接は1991年10月にインドネシアのいくつかの地域で行われた。ジャカルタの教育文化省での面接官は日本留学経験のあるインドネシア人大学

教員だった。この面接試験に合格した者には教育文化省から連絡があり、11月には事前研修が始まった。この事前研修は1992年3月までボゴール農科大学（IPB）で行われた[21]。

インドネシア教育文化省はこれらの日本留学最終決定者について日本大使館に連絡した。前述のようにこれを受けて日本大使館は日本の文部省に連絡した。そして文部省が学生の希望に合わせて大学や指導教官を探した[22]。そして文部省は折り返し日本大使館に連絡した。それを大使館がインドネシア側に通知した。文部省は4月来日に間に合わない留学生についても継続的にコンタクトを続け、8月上旬までには受け入れ先が決まり、10月来日が可能となるよう努力した。

これらの大学教員の他に1992年4月に文部省の奨学金を得て来日したインドネシア人が5名いた。彼らは国の研究機関に勤める国家公務員だった。しかし大学教員ではないため、所属省庁も別であり、選抜も別に行われていた。教育文化省の行う上記の事前研修に参加せずに来日した者もいた。

3. 学部レベルの文部省奨学金

(1) 対象者

日本大使館は教育文化省の各地の出先機関を通して高校卒業生を対象に一般公募を行った。日本政府の文部省奨学金の選抜は、大学院レベルの選考がインドネシア教育文化省その他の関係省庁で独自に行われるのに対し、学部レベルの選考は日本大使館が直接行っていた。

(2) 選抜プロセス

応募者は申請書類として高校での成績及び高校卒業全国統一試験の成績を提出した。大使館は書類審査においてこれらの成績（10点満点の7.5点以上）でまずふるいにかけた。この書類審査に合格した学生には8月に行われる筆記試験の案内が通知された。学部留学生の選考に使われる筆記試験問題（英語による）は日本の文部省から送られてきた。理系の応募者に対

しては英語、数学、理科から二科目、文系には英語、数学、世界史の試験が行われた。

1992年来日組の場合、1991年10月に日本大使館から面接の日時が通知されてきた。大使館でのこの面接を経て最終的に残った11名には1992年1月に通知があった。ジャワ島出身者に対してはジャカルタで日本語研修が2月から3月にかけて7週間行われた[23]。

これまで政府派遣留学制度についてインドネシア政府、日本政府、それぞれの奨学金について大学院、学部レベル別に応募対象者と選抜プロセスを見てきた。各奨学金、各課程により、対象者が決められ、選抜プロセスも異なることが明らかになった。次にこれらの奨学金を得ていたA大学のインドネシア人留学生が留学してきた背景について具体的に見ていく。

IV　A大学のインドネシア人留学生

1992年の時点でインドネシア政府もしくは日本政府の奨学金を得てA大学で学ぶインドネシア人留学生の内訳を表5に示した。これらの留学生のインドネシアでの身分や所属先は、インドネシアの政府派遣留学制度の特性を反映したものとなっている。以下にA大学のインドネシア人留学生のバックグラウンドについて、大学院生、学部生に分けて具体的に見ていく。

表5 A大学の政府奨学金受給インドネシア人留学生の内訳（1992年5月時点）

奨学金の種類	インドネシア政府		日本政府	
課程	大学院	学部	大学院	学部
人数	9名	0名*	5名	4名
身分	国家公務員	国家公務員	国家公務員	
内訳	関係省庁職員5名 省庁と関係のある 大学教員1名 基幹産業社員3名		大学教員4名 省庁職員1名	

＊　この時点でインドネシア政府奨学金を得ていた学部生はいなかったが、大学院生のうち1名は学部からA大学で学び、引き続き大学院に進学していた。

1. 大学院生

（1）国家公務員として来日

大学院レベルから来日していた場合、A大学のインドネシア人留学生は日本政府、インドネシア政府奨学金受給者ともに国家公務員だった。インドネシア政府派遣の場合、全員科学技術系の奨学金を受け、彼らの所属先は前述の6省庁関係もしくは基幹産業10社所属の国家公務員だった[24]。文部省奨学金の場合、国立大学の教員が中心で、省庁所属が1名いた。これらの国家公務員には帰国後のポストが保障されていた。インドネシアで学部を卒業して数年間仕事をする中で、これらの政府奨学金に応募し、選抜されて来日していた。そのため来日時の年齢は20代後半から30代半ばにかけてだった。

（2）留学先が日本となった理由

Pak Taufik[25]

　［大学院で］勉強を続けたかったのです。インドネシアで微生物学は

あまり進んでいないので、留学しなければなりません。…［国際機関企画の研修プログラムの］奨学金募集があり、それに応募して選ばれました。…A大学で研究生として1年間過ごしました。［指導教授］佐田先生から「博士課程に行く気はないか？」と聞かれました。佐田先生から推薦状を書いてもらって、文部省奨学金に応募しました。

Pak Simbolon
化学の研究では…アメリカと日本が有名です。…［自分は］英語はうまく話せないし、［アメリカには］教授の知り合いもいません。［所属研究所と］A大学とはコンタクトがありました。研究所長は［A大学の］森川先生を既に知っていました。森川先生が［所属研究所のある］Bを訪ねてきたことがありました。…森川先生は国際的にも有名な研究者で、インドネシアを7回訪れたことがあります。

A大学に大学院レベルから留学してきたインドネシア人は、特に文部省奨学金を得ている場合、留学前に何らかの形で指導教授とコンタクトしていた者が多かった。A大学での研修プログラムで指導を受けた教授との縁でPak Taufikは文部省奨学金に、インドネシアの所属先を通してA大学の教授のことを知ったPak Simbolonはインドネシア政府奨学金に応募していた。この他インドネシアの所属先にいる日本留学経験を持つ教授、日本に留学中の友人等を介し、A大学の指導教授の推薦を得た上で、政府奨学金に応募していた。

(3) A大学の大学院生としての生活
A大学大学院レベルのインドネシア人留学生17名（うち女性2名）の民族的内訳はジャワ人10名、バタック人3名、スンダ人2名、マレー人1名、中国系1名だった。A大学大学院生の間ではジャワ人が中心となって活動し、親しい友人間ではジャワ語を使用することもあった。宗教的には

イスラーム教徒（ムスリム）11名とキリスト教徒6名がいたが、彼らの会合においては常にムスリムの習慣への十分な配慮があった。また既婚者が多かったが、通常まずは本人のみが単身で来日した。

　日本滞在が1年半程度の研修生は単身で過ごした。一方、正規課程に入る予定で来日した場合、日本語研修後、A大学で研究生[26]としての生活を始め、その後入学試験を受け、修士課程もしくは博士課程入学が決まる頃には、家族を呼び寄せる者が増えた。1991年の時点ではこれらの大学院生のうち1名だけが家族と一緒に生活していたが、1992年秋にかけて5名のインドネシア人大学院生が家族を呼び寄せた[27]。

　しかしこれらのインドネシア人大学院生がA大学で生活するのは正規課程を終えるまでであった。来日後1年して修士課程に入った場合、順調にいけば2年間で修士号取得となった。博士課程に進学した場合、更に3年間で博士号取得を目指した。大学院レベルで来日して修士及び博士課程両方へ進んだ場合、最低6年間のA大学での滞在となった。しかしこれらの大学院生にとって学位取得後は家族と一緒に帰国し、インドネシアで生活する計画は明確で、その予定に変化はなかった。

2. 学部留学生
（1）インドネシアでの大学生活

学部留学生としてA大学で学ぶインドネシア人は、来日時は20歳前の若者だった。来日する前の年にインドネシアで高校を卒業していた。その高校卒業時に、政府奨学金に応募していたが、実際にはその時までにそれぞれインドネシア国内の大学の入学試験を受け、場合によっては既に合格が判明していた。インドネシア政府奨学金受給者の場合は9月から事前研修が始まったため、通常8月後半に始まるインドネシアの大学へ通った期間は短かった。

　一方日本政府奨学金受給者の場合、最終決定の通知が来たのは翌年の1月頃だった。そのため、入学した8月後半から翌年のこの時期までインド

ネシアの大学にて学部の 1 年生として約 1 学期間過ごしていた。

(2) 日本に留学したきっかけ

Albertus
［インドネシアの大学では］理学部の生物学科に入りました。［留学先は］その時は 4 か国ぐらいかな、日本、ドイツ、オランダ、そしてフランスかな、四つの中から選びなさいということ。…［日本に決めた理由は］まず私が勉強したいのは生物工学。…やはりヨーロッパ人とアジア人の興味が違っているから、ヨーロッパに行っても、そういう生物工学的な研究をやっていても、インドネシアに帰って無駄になりますから、日本に行きなさい、と生物の先生に言われました。第 2 番目の理由というのは…言葉が一番難しいのは日本…［だから、それをマスターすることができるので］日本を選んだんですよ。

Supriyanto
勉強したいから…ぼく電子工学に興味を持っていますから、まあ、国（インドネシア）では日本の電気製品とか良く知られていますから、それから、だいたい、あの、［日本の］勉強（教育）の程度が高いと思いますから、［文部省奨学金に］申し込んだんです。…最初からアメリカに行きたい気持ちはないから、それから大体アメリカがアジアじゃないから…。

Angraeni
高校を卒業して、…大学に合格した頃、母が日本留学の奨学金募集案内を新聞で見つけてきました。応募するよう母に勧められました。…［その後母が］面接試験があることを［大学に行っている］私に連絡してきました。…［私はそこでの］大学生活が気に入ってきていました。

ただ［文部省奨学金の］面接に行ってみただけです。日本にどうしても行きたいわけではありませんでした。［面接で］どうして留学先として日本を選んだか聞かれて、「日本は進んでいるから、教育もきっと進んでいる」と答えました。選ばれるとは思いませんでした。とにかく面接を受けてから結果がわかるまですごく長く時間がかかりました。…［最終的に］選ばれてから断るのは悪いから［留学することにしました］。

　インドネシア政府奨学金の中で1985年にスタートしたOFP（Overseas Fellowship Program）初期に学部から留学したAlbertusは、インドネシアで入学していた大学の先生のアドバイスと難しい日本語にチャレンジしたいという思いから日本への留学を決意していた。一方日本政府の奨学金を受けていたA大学学部生の場合、日本を漠然とイメージし、日本の工学に興味があって応募したSupriyanto、親に勧められて応募して、たまたま選ばれたAngraeni、その他とにかく留学がしたくて、奨学金に応募した中の一つが日本だったという者もいた。高校卒業後間もない時期のこれらの若者には、奨学金を得た留学、また日本留学について、必ずしも確固とした目的や動機があるとは限らなかった。

(3) 奨学金の違いによる身分の違い
インドネシア政府奨学金を受けた学部留学生の場合、卒業後はインドネシアの省庁で国家公務員として働くことになっていた。1990年当時学部インドネシア政府奨学金受給者の中から学部卒業後、直接大学院に進学できる人数はかなり制限されていた[28]。Albertusは奨学金を得ての大学院進学が厳しいことを承知しながらも、学部4年時点の計画では、引き続きインドネシア政府奨学金をもらえたら日本の大学院に進学し、そうでなければ大多数の同級生同様、帰国して所属官庁で働く予定だった。その後の本調査時にAlbertusは既に大学院に進学していた。しかし大学院卒業後は帰国

して所属官庁で働く彼の予定に変わりはなかった。

　一方、日本政府奨学金を得て学部から留学したインドネシア人の場合、卒業後インドネシアで仕事が必ず保障されているわけではなく、その意味では国家公務員として来日するインドネシア人とは立場も身分も異なっていた。将来の就職先が決まっていない場合、卒業後の予定も変わってくる可能性が非常に高い。学部卒業後日本に留まるか、インドネシアに帰国するか、もしくは第三国に行くか、1992年の時点でA大学学部生4名全員が大学院進学を考えていた。ただし大学院の行き先として日本の他に第三国（ドイツ、英国、米国）の名前も挙がっていた。

(4) 若くしての長期間の留学

若い時期に母国を離れて生活する学部からの留学生は上記の大学院生とは年齢差が10歳以上になることもあった。また20歳前後の学部生は未婚だった。A大学の学部生4名（うち2名が女性）は中国系1名、ジャカルタ出身のジャワ人2名と同じくジャカルタ出身のスンダ人1名だった。ジャカルタ出身者が中心の学部生は、親の話す言語（ジャワ語、スンダ語）はわかるものの、彼ら自身は通常インドネシア語を使用していた。宗教はムスリム、キリスト教徒が半々だった。

　学部だけの留学で帰国する場合でも、来日して1年間の日本語研修後、4年間の学部生活で計5年間の日本滞在となった。A大学の学部から学んだインドネシア人のように大学院に進学した場合、その後修士課程2年、博士課程3年としても、日本滞在は合計10年の長期間となった。

V　考察

これまでインドネシア政府と日本政府の奨学金のインドネシアでの募集条件及び選考プロセス、そしてこれらの奨学金を得て来日していたA大学

のインドネシア人が留学してきた背景について具体的に調べてきた。奨学金の種類、また学部か大学院レベルであるかによって、募集対象者や選考方法が異なることがわかる。

　大学院レベルのインドネシア政府奨学金は現職の国家公務員が対象である。高卒の時点で選ばれる学部留学生は奨学金受給が決まった時点で国家公務員として採用され、留学を終えて帰国すると政府関係機関でのポストを約束されていた。これはインドネシア政府奨学金がインドネシアの国家開発を担う人材養成という重要な課題の中で行っている留学制度であることと密接に関係している。

　日本政府の奨学金は大学院レベルではインドネシア政府が対象を国家公務員としているため、インドネシア政府奨学金を得て留学した者同様、帰国後のポストが保障されたインドネシア人の留学だった。

　すなわちインドネシア政府、日本政府ともに大学院レベルの奨学金の受給者は国家公務員が中心だった。これらの公務員はインドネシアの大学で学部卒業後数年間仕事をする中で、この留学制度に応募していたため、来日時の年齢は20代後半から30代半ば、そして多くは既婚者だった。A大学での滞在が長期化する正規学生は家族を呼び寄せる者が増えた。しかしあくまでも予定した課程を修了するまでの滞在だった。課程を修了し、学位取得後はインドネシアに帰国して元のポストに戻る計画に変更はなかった。

　一方学部生は高校卒業後もしくはインドネシアの大学に入学した後に奨学金が決まり来日したため、来日時は20歳前の年齢で未婚だった。特に学部生については奨学金の種類により、身分に違いがあった。このことは留学中のA大学での生活のみならず、留学後の将来計画とも関わる重要な要因となった。インドネシア政府奨学金を得て国家公務員として来日したインドネシア人学部生は、仮に大学院に進学したとしても、留学後はインドネシアの所属省庁にポストがあった。大学院生同様、彼らの将来はインドネシアにあった。

しかし文部省奨学金を受けて来日したインドネシア人学部生の場合、他のグループのインドネシア人留学生とは置かれた状況が異なっていた。各学部留学生は来日にあたり将来の希望や計画をそれぞれ持っていた。しかし実際に大学院に進学するか、就職するか、日本に留まるか、インドネシアに帰国するか、第三国に行くかは、学部を卒業する時点にならなければわからない。これらのインドネシア人にとって留学は自由であり、かつ不確定な要素を持つものだった。この意味で国家公務員である他のインドネシア人にとっての留学とは異なる性質の留学だった。

　留学生送り出し国の一つインドネシアと、受け入れ国の一つ日本との間に絞り、留学制度、選抜プロセス、更にそのプロセスを経て来日したインドネシア人留学生について具体的に見ていく中で、奨学金の種類、課程により、派遣される留学生の間に差異が生まれ、そのことが留学生の留学中の生活、更には将来計画にも関係することがわかった。

VI　おわりに

　本章では日本とインドネシアの政府派遣留学制度下での選抜システム、そしてこれらの政府奨学金を得ていたインドネシア人の属性について検討してきたが、国家計画のもとに留学政策があり、具体的な留学制度が生まれること、そしてその選抜プロセスを経て派遣される人々の特徴が明らかになった。すなわち政府奨学金の種類により、派遣されてくるインドネシア人のバックグラウンドがある程度決まっていた。このことはインドネシア人の留学中の生活、また留学後の進路にも関係していた。政府派遣留学制度による留学の場合、留学は留学生個人の問題であるだけでなく、留学制度という制度的要因や、国家、国際関係といった政治的要因とも密接に関わる問題でもある。

　また、本章は1990年代前半時点での調査をもとにインドネシアの留学

制度について検討したものである。特に科学技術系インドネシア政府派遣留学制度はスハルト体制下、科学技術系の省庁並びに基幹産業を掌握していた当時のハビビ大臣が中心となって進められていた。その後の変化、特に1997年の経済危機から1998年の政変を経た後、スハルト政権を引き継いだハビビ政権のその後の行方によっても、インドネシアの留学制度自体が影響を受け、変化していく可能性は高かった。そのことは日本に留学するインドネシア人にも様々な影響を与えることになった。「留学」についての研究は、変化する国際関係、また送り出し国、受け入れ国それぞれの国内情勢を把握しながら、多角的に行うことが重要である。

　次章では、A大学で学ぶインドネシア人留学生の世界について、大学院生の研究室生活を中心に描いていく。

注

1　インドネシア人の日本留学についての歴史的研究には、例えば第二次世界大戦前に日本留学したインドネシア人について（後藤、1983, 1986）、また第二次世界大戦中の「南方特別留学生」の中のインドネシア出身者について（後藤、1989）明らかにしたものがある。この他にもインドネシア人の留学全般の歴史、インドネシア国内の高等教育機関の事情との関連での留学の歴史を追ったものや、インドネシア人大学教員の日本留学観についてまとめたものもある（西村、1988, 1991）。有川（1998）でもインドネシア人留学の歴史について触れている。

2　日本インドネシア科学技術フォーラム（Japan-Indonesia Science and Technology Forum）の主な活動は「1 インドネシア産業の育成」「2 科学技術・教育」「3 観光・環境など広い意味でのインフラストラクチャーの整備」である（大島、1986）。このフォーラム（JIF）はインドネシア政府奨学金を得て日本へ留学するインドネシア人の受け入れから留学に関わる具体的な業務を担当している。その後、JIFの業務の高等人材開発部分については1999年11月に活動を開始した「アジア科学教育経済発展機構（Asia SEED）」が引き継いでいる。

3　注1でも触れたが、インドネシアの高等教育機関の事情や国家開発との関連でのインドネシア人の留学については西村（1988, 1991）を参照。

4　1982年の段階でインドネシアにおいて、人口5,800人あたり1人の割合で技術者がいるとされ、その比率は他の発展途上国よりかなり遅れていると認識された。しかも1982年当時の36,000人のインドネシア人技術者の専門は農業及び土木関連がそれぞれ20%を占め、最も多かった。そのため他の分野での技術者の養成が必要とされた (OFPIU, 1988, pp. 1-2)。

5　1989年には派遣先が14か国となった。1989年時点でも派遣総数の4分の1を占める日本が最大の派遣先となっていた。以下オランダ、米国、ドイツ、英国、フランスと続く。この他の派遣人数は少ないが、カナダ、オーストラリア、オーストリア、タイ、ベルギー、フィリピン、ノルウェー、ニュージーランドに派遣されている。

6　厳密には日本語研修後学位取得までの数年間日本に滞在する前者は「留学生」、日本語研修後1年の滞在の後者は「産業研修生」と呼ばれている。しかし同じインドネシア政府派遣であるので、統計では政府派遣留学生として扱われている。本章でも特別に区別する場合を除いて一括して「留学生」と呼ぶ。

7　これは特に日本向け留学の継続を希望した当時の研究技術担当ハビビ国務大臣の要請を受けて始まったとされる。ハビビ氏はこの時期インドネシア政府省庁及び関連機関でいくつもの要職にあった。ハビビ氏は1955年に西ドイツに留学し、1965年に航空工学で博士号を取得した経歴を持ち、留学中西ドイツのインドネシア留学生協会で活発に活動していたと言われている (Ini Dia Habibie, 1992)。

8　1989年時点で日本へ約6割が派遣されていた。日本の他に米国、カナダ、ドイツ、オーストラリア、オランダ、英国、フランスに派遣されている。

9　6機関は国土地理院（BAKOSURTANAL）、原子力庁（BATAN）、技術評価応用庁（BPPT）、中央統計局（BPS）、国立航空宇宙研究所（LAPAN）、国立科学院（LIPI）であり、当時の研究技術担当ハビビ大臣が所管していた（『JIF News』No. 13、1991年8月）。したがって留学生の日本での専門分野は電気・電子工学、機械工学、原子力工学、航空宇宙工学、情報工学、通信工学、生物工学、生化学、化学工学等だった（『JIF News』No. 9、1989年7月）。

10　この基幹産業庁の長官もハビビ氏が兼ねていた。STAID計画には研究開発を行う上記6省庁所属公務員を対象とした「マネージメント能力の改善」及び基幹産業10社の「生産性を改善」するための人材教育計画が含まれていた（『JIF News』No. 15、1992年8月、p. 4）。また1991年に来日した学部留学生から日本での滞在期間が1年延長され6年となった（Cooperative Education Program）。1年間の語学研修と4年間の大学学部での勉学に加えて、3年次修了後1年間企業で実務研修を受けることになったからである（『JIF News』No. 13、1991年8月 ; No. 15、1992年8月）。

11　これは大学院レベルだけを対象とした奨学金で海外もしくはインドネシア国内の大学院へ派遣された（BPPT スタッフ、1990 年 6 月）。JIF のスタッフ（1992 年 10 月）によると、この留学制度を所管する国家開発計画庁（BAPPENAS）の方針で、日本においても英語で行われる課程を持つ大学院に限って派遣していた。この時期インドネシア政府奨学金を得る科学技術系留学生は日本語を学ばねばならないのとは異なる方針だった。英語のみで学位取得できる日本の大学院数は少ないため、受け入れ先が限られ、派遣人数も少なかった。このプログラムの始まった 1991 年及び翌年 1992 年の日本への派遣人数はそれぞれ 7 名だった。出身省庁は国家開発計画庁（BAPPENAS）、大蔵省（MOF）、商業省、外務省、工業省だった（『JIF News』No. 15、1992 年 8 月）。1994 年の時点で日本に合計 32 名の社会科学系留学生がいた（『JIF News』No. 20、1994 年 8 月）。

12　インドネシア政府派遣留学生関係業務での実績を買われて、JIF は 1995 年からマレーシア政府派遣留学生、その後タイ政府派遣留学生に関する業務も行うようになった。また日本政府の平和友好交流計画にある「アジア・ユース・フェローシップ・プログラム」に関わる業務も委託されている。これは東南アジア地域 11 か国の大学学部卒業者対象で、マレーシアで予備教育を行っている。1997 年に第 1 期 11 名が来日した（『JIF News』No. 23、1996 年 7 月 ; No. 25、1998 年 3 月）。

13　1990 年前半、日本が派遣先となったインドネシア政府派遣留学生は二つのグループに分けられた。この事情については次の大学院レベル奨学金選抜プロセスの中で明らかにする。

14　産業研修生については注 6 を参照。

15　1992 年 4 月来日組の中で、来日の遅れた学生が 18 名いた。彼らは日本語の試験に合格せず、留学に必要な日本語のレベルに達していないと判断された。しかしこの日本語研修が終わる 3 月までに、日本では JIF 及び文部省が受け入れの準備を既に進めていた。このため日本側から何とか留学させるようインドネシア側に強い働きかけがあった。合格点に達するまで追試に追試を重ねた結果、来日が遅れたという（JIF スタッフ、1992 年 10 月）。

16　インドネシア建国五原則パンチャシラ（Pancasila）のことである。1.「唯一至高なる神性」、2.「公正で文化的な人道主義」、3.「インドネシアの統一」、4.「協議と代議制において叡智によって導かれる民主主義」、5.「インドネシア全国民に対する社会正義」の五原則からなるパンチャシラは、スハルト体制下、国民統合のための機能を著しく高めていった（高橋、1995、pp. 53-55）。

17　その官庁内での直接の配属先は留学を終えて帰国するまでに通知された。1990 年代前半、学部から留学したインドネシア人の中で、学部卒業後直接大学院に進学し引き

続きインドネシア政府奨学金を受けることのできる人数には制限があった。しかし成績優秀であれば、所属先の上司や BPPT の許可を得て直接進学することが可能だった。しかしその後留学プログラムの財源となっているローン（借款）の関係等により、学部から大学院への直接進学は次第に許可されるのが難しくなり、学部卒業後一度帰国することを求められるようになった。

18　日本ではこの奨学金を受けている学生を「国費留学生」と称している。

19　インドネシア政府は文部省奨学金をインドネシア政府への「ドネーション（寄付）」と捉え、公務員を中心として派遣していた。このような状況下、日本大使館担当職員によれば、日本大使館に直接コンタクトしてきたインドネシア人の中から可能性のありそうな何人かを「一本釣り」と称して文部省へ連絡する際に一緒に推薦していた（日本大使館スタッフ、1990 年 7 月）。

20　日本大使館の担当スタッフはインドネシア人から文部省奨学金について問い合わせがあると、事前に日本の大学の指導教官と直接コンタクトし、手紙を出すことを勧めていた。

21　この事前研修はインドネシア教育文化省が行っていた。日本大使館はオリエンテーションの中での講演を依頼されて行う程度だった。そこではビザその他についての説明を行ったという。入国に関わる実際の手続きは一括してこの大学の担当者を介して行われた。日本留学予定者はこの 5 か月の研修の間、毎朝 8：00 から 4：00 まで（土曜日は半日）日本語と文化について学んだ。基礎科目として生物、数学、物理、化学も 1992 年 1 月から始まった。英語の研修もあった。これらの科目を担当する講師は（日本語も含めて）日本留学経験のあるインドネシア人大学教員で、日本での生活、日常生活から大学での日本人教授や学生との関係まで、自分達の経験をもとに教えた。

22　1992 年 4 月来日組の場合、留学予定者として事前研修を受けた 31 名中 17 名が 1992 年 3 月までに受け入れ大学が決まり 4 月に来日した。これら 4 月に来日したインドネシア人の多くは既に指導教官と直接コンタクトを取っていたという。12 名は大学の受け入れ先が決まるのが遅れたため、来日は 1992 年 10 月となった。残り 2 名についてはインフォーマントの話からははっきりしないが、10 月までに受け入れ先が決まらなければ日本へ留学することはできなかった。

23　他の島の出身者に対する日本語研修はジャカルタでのようには行われなかった。

24　注 9、10 参照。

25　本章で引用した A 大学のインドネシア人との会話は Albertus、Supriyanto とは日本語、それ以外はインドネシア語で行った。インドネシア語のものは、筆者が日本語に訳した。

26　1990年当時、研究留学生の場合、来日して半年の日本語研修を受けた後、配属された大学院研究科にまず研究生として入った。その後正規課程の入学試験を受けた。日本政府の奨学金を受けて来日し、正規課程入学を希望している場合、この奨学金を正規課程において引き続き延長して受けるためには、来日してから2年以内に大学院入学試験を受けて合格する必要があった。

27　留学生が家族呼び寄せを決めると、そのために必要な書類を揃え、手続きをしなければならなかった。実際に家族が来日すると、市役所を始めとし、保育所や小学校等、特に来日当初は諸手続きに追われた。この他アルバイトを探す配偶者も現れた。インドネシア人留学生のこの頃の家族との生活については9章参照。

28　インドネシア政府奨学金を得て来日した学部生の大学院進学については注17参照。

6 大学院生が体験した
　　研究室コミュニティ

　本章では、1991-1992 年に A 大学大学院に留学していたインドネシア人大学院生の研究室生活について描いていく。まず Pak Pranowo と彼の実質的な指導教員である助教授（当時）笹本先生との関係が最悪となった 1992 年 9 月の出来事を簡単に紹介し、その後、笹本先生、Pak Pranowo、それぞれが捉える大学院生と研究室生活について描いていく[1]。

　その後、他の留学生 3 名の研究室での世界について、学生間、教員間に関わるものの中から紹介する。これらも各留学生の言葉や行動を通して筆者が描く研究室生活である。

I　インドネシア人大学院生の研究室生活

1. 笹本先生が Pak Pranowo について率直に話す

Pak Pranowo と彼の実質的指導教員である笹本先生の関係が最悪となったのは 1992 年 9 月だった。笹本先生の研究室において Pak Pranowo は最初で唯一の留学生だった。Pak Pranowo は 1992 年 4 月に博士課程（当時）（以後「D」と呼ぶ。）に入り、その年の 8 月に家族を呼び寄せた。笹本先生は Pak Pranowo が研究スケジュールから遅れ、まじめでないことに不満だった。

　9 月のある土曜日、筆者が借りていた部屋[2]に笹本先生が訪れた。その後、笹本先生と同僚の畑中先生と一緒に筆者は Pak Pranowo のことを話すことになった。

笹本先生は畑中先生と色々なことを話す仲だった。この日も笹本先生は畑中先生に Pak Pranowo のことを話していた。畑中先生の提案で、筆者も一緒に話すことになった。畑中先生も色々とコメントする中、笹本先生とは異なる畑中先生の考え方も明らかになったが、本章では Pak Pranowo と笹本先生の捉える世界に絞る。

この日、数時間にわたるミーティングにおいて笹本先生は Pak Pranowo に対する不満をぶつけた。筆者はそれまでの参与観察やインタビューを通して学んできていた Pak Pranowo の研究室での体験や研究室に対する捉え方、ちょうど家族が来日したことの影響についても説明した。ミーティング終了時に、笹本先生はこの日の話について Pak Pranowo に伝えてほしい、と筆者に言った。その後筆者から Pak Pranowo に伝えた。

以下に、この時期の笹本先生、Pak Pranowo、それぞれの捉える大学院生と研究室生活について描いていく。

2. 笹本先生の捉える大学院生と研究室生活

(1) D の学生は真面目に研究しなければならない

笹本先生にとって D の学生は真面目に研究しなければならなかった。というのも博士号取得は大変困難だからだ。D の学生は 3 年で学位が取れるように段階的にやるべきことがある。しかし、Pak Pranowo は研究に真面目ではなく、積極的でなかった。Pak Pranowo は笹本先生の捉える良い D の学生の姿と矛盾し、笹本先生は苛立ちを感じるようになっていた。

笹本先生は修士課程（当時）（以後「M」と呼ぶ。）時代の Pak Pranowo には満足していた。それは彼が笹本先生から与えられた研究を行い、笹本先生の捉える M の学生像にあっていたからだった。しかし、Pak Pranowo が D に進学してから状況は変わった。主体的に研究しない Pak Pranowo は笹本先生にとって深刻な問題となった。笹本先生は Pak Pranowo に対して、D の大変さと主体的に研究することの重要性を何度も伝えていた。し

かし Pak Pranowo は理解していなかった。

　更に Pak Pranowo が家族を呼び寄せたことを笹本先生は全く理解できなかった。真面目な D の学生は家族を呼び寄せたりしないからだった。

(2) Pranowo さんは日本人学生のペースに合わせないといけない

笹本先生はあるべき学生の姿について、かつての学生時代の自分や研究室の日本人学生の姿をもとに理解していた。後輩の学生は研究の仕方について先輩や指導教員へ質問をしながら学んでいく。また同じグループの学生は実験の際にお互いに協力し合う。これらが研究室における正しい振る舞いだった。

　笹本先生は Pak Pranowo と日本人学生とを比較し、Pak Pranowo の行動が日本人学生とは異なることを認識していた。学生がどうすべきか、先生が言うと、日本人学生はよく理解する。笹本先生は自分が何度言っても理解しない Pak Pranowo が問題であると感じていた。Pak Pranowo がいつも特別扱いを期待するのは許されず、Pak Pranowo が日本のやり方に合わせなければならなかった。笹本先生にとって日本人学生と留学生は同じだった。そのため、Pak Pranowo が自分で努力して、日本人学生のようになる必要があった。

(3) Pranowo さんのことは自分に責任がある

笹本先生の不満のもう一つの理由は研究室における彼の助教授としての立場だった。笹本先生は Pak Pranowo が研究室に入ってきたとき以来の不満をためていた。研究室の教授が初めての留学生である Pak Pranowo の受け入れを決め、笹本先生は全く権限のないまま、留学生の世話をするという一番大変な仕事をずっと続けていた。

　そして笹本先生は Pak Pranowo の直接の指導担当教員として、Pak Pranowo を博士号の学位を与えるにふさわしい「日本人」の博士に育てるという重い責任を負っていた。もし Pak Pranowo が D において立派な成

果を挙げれば、笹本先生の指導教員としての評価につながるが、もしそうならなければ、笹本先生の責任だった。

その一方で、Pak Pranowo を追い詰めて、病気になってしまうことも恐れていた。研究室の学生を適切に指導し、病気になることなく、学生たちが研究成果を挙げることが笹本先生の責任だった。

Pak Pranowo が M の時代には笹本先生の期待通りの行動をしたことから、笹本先生は指導教員としての責任を果たすことができた。しかし、Pak Pranowo が D 進学後に深刻な問題に直面した。Pak Pranowo が主体的に研究をしないため、笹本先生は自分の責任を果たすことができなかった。Pak Pranowo を追い詰めすぎない範囲で何とか「日本人」の D の学生にしようと努力していた。しかしこの年の夏が終わる頃までには笹本先生の必死の努力は何も実っておらず、不満で一杯になっていた。

3. Pak Pranowo の捉える大学院生と研究室生活

Pak Pranowo は留学する前にインドネシアの大学において学部生として生活し、その後若手教員としての経験があったが、日本の大学院の研究室に似た環境での経験はなかった。しかし来日後約 3 年を経た 1992 年、Pak Pranowo は日本での大学院生活について、彼なりに学習し、理解し、行動するようになっていた。

(1) 日本人は自分たちが一番知っていると思いたがる

Pak Pranowo は研究室での問題の根本に、日本人がインドネシアを後進国と捉えていることがあると考えていた。例えば、Pak Pranowo はインドネシアでコンピューターを作った経験があったが、研究室ではインドネシアにはコンピューターがなく、Pak Pranowo はコンピューターのことを知らないと思われていた。Pak Pranowo は研究室の PC に問題が生じた際に自分の考えを言おうとしたが、聞いてもらえなかった。

また、Pak Pranowo は自分に非のない実験設備の問題の責任を押し付け

られた経験があり、このことも彼が実験について学ぶ意欲を失っていった一つの理由だった。

研究室での日本人との問題から、Pak Pranowo は、日本人全体について、日本人は他の人の意見を聞こうとしないし、自分たちが一番知っていると思いたがる、と捉えるようになっていた。

(2) 日本人学生との確執

Pak Pranowo は研究室内で学年が 1 年下の松本さんと一番やりとりがあったが、彼に対して次のような経験から不満を抱いていた。Pak Pranowo によると、松本さんが研究室の学生たちをコントロールしようとすること、Pak Pranowo の名前を日本式の読み方にあわせてアルファベットで書こうとしたこと、Pak Pranowo に非のない問題の責任を押し付けたことなど、松本さんが関わる多くの出来事があった。彼にとって、松本さんは小さい子どもみたいだった。

1992 年に Pak Pranowo が D1 年となり、松本さんが M2 年生になると、状況は悪化していった。

(3) 研究室での先輩―後輩の関係と年齢の問題

Pak Pranowo が体験した研究室での問題の中に、日本人学生との年齢差、先輩―後輩の関係の問題もあった。Pak Pranowo は日本人学生より数歳年上だった。彼は研究室での先輩―後輩の関係、例えば先輩は後輩に日本語で命令し、先輩は後輩に厳しいこと、また後輩は先輩に従うことについて、気づいていた。

しかし Pak Pranowo は日本人学生よりも年上だったため、彼らは日本人の若い後輩に対するように、Pak Pranowo に命令することができなかった。Pak Pranowo は日本語能力が十分ではなく、彼らは英語ではコミュニケーションが取れなかった。

Pak Pranowo によると、彼と同じグループの日本人学生は彼に説明せず

に実験していた。日本人学生は Pak Pranowo に対して命令口調になることはなく、代わりに彼の実験を自分たちが行い、実験グループとして対応していった。しかし、結果として、Pak Pranowo は他の後輩と同じ体験をすることができず、実験について学ぶという機会が少なくなってしまった。

(4) 日本人学生のようにはなりたくない

Pak Pranowo は研究室での日本人学生の生活について把握していた。日本人学生は実験の時や発表の前は忙しいが、それ以外は忙しくない。また効率的に仕事をしない。研究室に遅く来て、遅くまでいる。漫画を読んだり、コンピューターゲームをしている。このように日本人学生を捉えるようになった Pak Pranowo は、彼らのように行動したいとは思っていなかった。Pak Pranowo は自分で決めたスケジュールの通りに研究室で過ごした。それは笹本先生や日本人学生の考えるものとは違っていた。

(5) 研究に取り組む姿勢の変化

Pak Pranowo はインドネシアの大学での経験をもとに、M の時代に自分の関心ある研究テーマについて笹本先生とディスカッションをしようとしたことがあった。しかし笹本先生は彼のテーマに関心を示さなかった。この経験から、Pak Pranowo は、自分から主体的に研究テーマについて提案する気持ちを無くし、笹本先生の指示を待つようになった。笹本先生の指示に従ってやるべきことをやれば、問題はなかった。この態度は笹本先生が M の学生に期待することと合致していた。

　一方で D の学生は主体的に研究に取り組む必要があることに Pak Pranowo は進学後気づかず、M 同様に笹本先生からの指示を待つことが日本の大学院生の研究アプローチであると認識したまま過ごしていた。

　笹本先生とのミーティングの後に筆者が Pak Pranowo と話すと、彼は笹本先生の期待する D の学生としてのあるべき姿について理解し、M と D での研究への姿勢の違いについて理解し、研究に積極的に取り組むことを

決意した。

(6) 笹本先生の発言に対する違和感
Pak Pranowo は笹本先生から D の学生としてどうあるべきか、直接言われたことはなかった。Pak Pranowo に対して、笹本先生は、かつて自分が D の時に、数日間家に帰らず研究室に泊まり、ラーメンを食べたエピソードを話していた。Pak Pranowo は笹本先生のように長時間研究室で過ごすことを期待されていると察したものの、笹本先生のように研究室で過ごそうとは思っていなかった。

筆者との会話以後、Pak Pranowo は研究に積極的に取り組むようになった。しかし Pak Pranowo が新しい研究テーマについて提案した際の笹本先生のコメントにより再び混乱してしまった。笹本先生は「心配？ リラックス。心配しないでいい。まだ時間はある。」と彼に言ったとのことだった。

笹本先生としては真剣に研究に取り組み出した Pak Pranowo の姿勢に満足し、安心させるために発言したのかもしれない。しかし、Pak Pranowo にとって、それまでの Pak Pranowo に対する不満一杯の笹本先生から手の平を返したように、「心配しなくていい」という言葉を聞くことは考えられないことだった。

(7) 家族は一緒にいるべきだ
Pak Pranowo にとって、家族は一緒に生活すべきだった。インドネシア人にとって、家族が一緒にいないのはおかしい。彼は、指導教授から家族が研究の邪魔になると言われたと、インドネシア人の友人から聞いていた。また笹本先生が家族を呼び寄せることを快く思っていないと感じていた。しかし Pak Pranowo は D に進学したら家族を呼び寄せることを決めていた。

ここまで笹本先生と Pak Pranowo の捉える大学院生と研究室生活について描いてきた。以下に他の 3 名の大学院生の研究室生活の中から関連する事柄に絞って紹介する。

4. Pak Zainal の捉える大学院生と研究室生活
(1) 他の研究室メンバーとの良い関係を求める

Pak Zainal は 1991 年に来日した。A 大学に留学する前にインドネシアの官庁の研究職にあった。Pak Zainal は研究室のメンバーとの良い関係を求めていた。最初の半年間、研究生の時代、Pak Zainal は別の研究生である庄内さんと一緒に研究をしていた。彼はある会社から派遣され、Pak Zainal と似たテーマで研究していた。庄内さんは英語を少し話し、Pak Zainal にとって話しやすく、時には冗談も言い合える、一緒に研究しやすい仲間だった。研究で問題があると、庄内さんがいつも助けてくれた。

1992 年 4 月に Pak Zainal は M に進学した。すると、それまでのテーマと関連はあるものの、別の研究テーマを与えられ、西さんという M2 年生の別の大学院生と一緒に研究することになった。彼は庄内さんとは違っていた。とてもおとなしく、いつも日本語だけ使い、Pak Zainal に手伝いを頼んだり誘ったりすることなく、1 人で研究することが多かった。Pak Zainal は西さんの研究を手伝いたかった。というのも、手伝うことで実験装置の使い方を学ぶことができたからだ。Pak Zainal は西さんと親しくなろうと努力していた。

しかし 1992 年 7 月の時点でまだそうなっていないと筆者に話した。Pak Zainal によると、親しくなれない理由は、Pak Zainal は研究室では西さんより後輩だったが、年齢は上であり、既に結婚していたことだった。Pak Zainal は何か問題あると、引き続き庄内さんに助けを求めることが続いていた。庄内さん自身がわからないと西さんに尋ねることがあり、そのことは Pak Zainal にとって居心地の悪いものとなってしまった。

家族来日後も Pak Zainal は他の学生と同じスタイルを続けた。他の学生が夕食に一旦出て、また研究室に戻る予定である場合、Pak Zainal も一旦帰宅し家族と夕食をとった後、再び研究室に戻り、他の学生と同様に夜 9 時か 9 時半まで過ごした。もし他の学生が夜 8 時か 8 時半まで残り、その後夕食をとる予定であれば、Pak Zainal もその時間帯まで残り、他の学

生と同じ頃に帰宅した。

(2) 先生に反論できない
1992年4月にPak Zainalに研究テーマの変更を伝えてきたのは、研究室の助教授の箱田先生だった。Pak Zainalは研究テーマを変更したくなかったが、先生に反論できずに、黙っていた。一方でPak Zainalは研究室の状況を理解していた。研究室の実験器具については先輩から後輩へ指導して教えることになっていた。そのため、M2年生の西さんからM1年生の学生が学び、翌年に西さんが修了後、M2年生となったその学生が後輩に指導する必要があった。Pak ZainalはDに進学した際にこれまでのテーマに戻ることができるかもしれない、と考え、言われた通りに研究テーマを変更した。

(3) 研究室の飲み会での経験
Pak Zainalは来日当初から、庄内さんや他の研究室メンバーから一緒に飲みに行こうと誘われることがあった。しかしムスリムである彼は誘いを断り、そのうちに誘われなくなった。Pak Zainalはフォーマルな研究室のパーティには出席した。そこではソフトドリンクが出た。彼は当初、ある学生からお酒を飲むようにしつこく言われた。不本意ながら、その学生との良い関係のために少し飲んだことがあった。しかし半年後に家族の来日以後、全く飲むことはなくなった。

5. Pak Taufikの捉える大学院生と研究室生活
(1) お茶の時間に当初は参加していた
Pak Taufikはインドネシアの大学教員だった。A大学の同じ研究室へM修了後の1992年4月からDに進学した。彼の研究室では毎日午後3時にお茶の時間があり、全ての教員と学生が一つの部屋に集まり、コーヒーやお茶を飲みながら、研究などについて話す習慣があった。大体午後3時ごろ

になると、Pak Taufik のいる部屋にも誰かが声をかけて「お茶の時間です」と言いに来たが、彼は部屋に残っていた。Pak Taufik によると、当初は参加していたが、日本語の会話の早いペースについていけずに参加するのをやめたとのことだった。またその頃、自分の研究テーマがはっきり決まっておらず、参加するのが恥ずかしかった、とも言った。

　Pak Taufik の部屋には彼以外に3名の大学院生がいた。彼が一番親しくしていたのは五反田さんで、D 修了が近づいていた。Pak Taufik は五反田さんと研究や実験について、日本語もしくは英語でよくディスカッションしていた。五反田さんはいつも彼の話を聞いて、アドバイスをしていた。別の大学院生の佐藤さんは、Pak Taufik が日本語で書類を作成したり、準備する際に、いつも助けていた。これら2人の日本人学生との関係以外、Pak Taufik は1人で実験したり、ジャーナルを読んだりしていた。Pak Taufik によれば、日本人学生と心からのコミュニケーションは難しかった。多くの日本人学生は英語を話すのが苦手で、Pak Taufik 自身は日本語が苦手であり、コミュニケーションが難しかった。彼の付き合いは英語が話せる人たちとの関係に限定されていた。

(2) 指導教授との良好な関係

Pak Taufik は M の研究について、研究室の指導教授佐田先生との経験について話した。彼は実験の試行錯誤を通して面白い研究テーマを思いついた。そのことについて助手（当時）の武藤先生にインフォーマルに話すと、研究室のセミナーで話すように勧められた。Pak Taufik がそのテーマについて発表した際に、指導教授の佐田先生は関心を示し、そのテーマで研究するように言った。しかし、Pak Taufik の直接の指導担当教員である助手の三島先生はこの新しいテーマに懐疑的だった。三島先生が関心を持っていないことを知ると、Pak Taufik は新しいテーマではなく、以前より三島先生から与えられていたテーマに取り組んだ。

　しばらくして、佐田先生は Pak Taufik が新しいテーマに取り組んでいな

いことに気づき、なぜかと聞いてきた。彼は三島先生が関心を持ってくれないとは言えず、困っている、とだけ答えた。それを聞いた佐田先生は彼と三島先生ともう1人の助手と全員でのミーティングを開いた。そこで佐田先生は Pak Taufik に新しいテーマでの研究を勧めた。三島先生も同意し、彼は新たなテーマでの研究に変更した。

　Pak Taufik は筆者に、佐田先生の方が上であるため、三島先生は反論できなかったと説明した。Pak Taufik は佐田先生と日本語と英語で研究についてディスカッションしたり、サポートしてもらうことで、研究や実験について学ぶことができたことを、とても感謝していた。佐田先生は自分の父親みたいだ、と語った。

　筆者は佐田先生と直接一度話したことがあった。佐田先生の研究室にはいつも4、5人の留学生がいるとのことだった。全体で約25人の研究室で、これまで20年ほどこのような体制でやってきたとのことだった。研究室をスムーズに運営するための留学生の受け入れ人数は最大このくらいだということだった。佐田先生自身は留学生を特別扱いしないが、必要があれば、他の学生が助けているとのことだった。どの学生であっても、最も大事なことはジャーナルの論文を理解し、研究成果を挙げることだった。佐田先生は留学生と日本人学生とが研究室にいることに馴れている様子だった。

6. Albertus の捉える大学院生と研究室生活

Albertus は筆者のフィールドワーク中、学部から大学院までA大学に留学していた唯一のインドネシア人留学生だった。インドネシア政府からの奨学金を得て留学し、留学後は官庁職員としての仕事に就くことになっていた。1992年の時点で Albertus は M2 年生に在籍していた。彼は研究室での問題はない様子だった。A大学における学部時代からの経験を経て、大学と研究室の状況に慣れ、日本人学生と同様に研究を進めることができて

いた。助手の 1 人が彼の実質的な研究指導教員だった。

M2 年生になり、学部 4 年生の日本人学生が Albertus についた。この後輩が何をやっているかわからない際に、叱ることがあると Albertus は話した。また、若い学部 4 年生の後輩たちは研究がわかっていないと、同じ M の日本人学生たちと話すことがある、一つ一つ教えるのは面倒だ、と語った。研究室内で通常 Albertus は日本人学生と見られ、彼がインドネシア語を話すと驚かれる、と話した。

Albertus は研究室の中で他の教員や学生と良い関係を築いていたが、それは研究と勉学に限られた。Albertus も他の学生も互いに個人的なことについて話すことはなく、学外に一緒に出掛けることもなかった。Albertus は日本人学生のように飲みに行ったり、誰かの家で一緒にテレビやビデオを観る過ごし方はしないと説明した。

II　考察　インドネシア人留学生の捉える研究室の世界から見えてくるもの

1. 研究室における留学生受け入れの歴史

留学生を初めて受け入れた研究室の笹本先生は、Pak Pranowo が日本人学生のようになることを当然と考えていた。これまで留学生との接触や指導の経験のない笹本先生にとって、日本人学生しか基準とするものがなかったとも言える。一方 Pak Pranowo は当初は研究室の様々な活動に参加していたものの、D に入る頃には、彼自身で研究室における活動の中から主体的に選択するようになっていた。

指導教員と留学生の間で、学生としての研究への取り組み方に対する認識や価値観の違いがある場合、その違いが両者の行動に反映され、問題が生じることがあった。

一方で留学生受け入れの歴史が長い研究室、例えば Pak Taufik の研究室では、留学生への対応がより柔軟であった。しかしその時その時の研究室

内での教員そして他の学生と留学生との関係により、留学生の置かれた状況は異なり、ひいては留学生の研究生活への影響があった。

2. コミュニケーション

留学生の研究生活の中でコミュニケーションの問題は大きい。笹本先生とPak Pranowoの間のように、指導教員が留学生と英語で話すことで意思の疎通を図り、留学生に日本語を使うことを特に要求しない研究室もあった。大学院から留学したインドネシア人にとって日本語でのコミュニケーションは困難だった。日本語が十分でない場合、英語が話せない研究室の日本人学生の中で孤立してしまうことがあった。

しかしながら、同じ言語を使っていても、何をどのように伝えるかということも問題になることがあった。例えば笹本先生は自分がDの時代にどんな生活をしていたか伝えることで、どれだけ熱心に研究に励む必要があるか伝わり、Pak Pranowoもそのように態度を変えると思ったかもしれない。しかし、Pak Pranowoはそのメッセージは受け取らず、単に研究室にて長い時間を過ごすように、という指示だけを受け取っていた。

一方でPak Taufikのケースにあったように、留学生の日本語能力が十分でなくても、研究室に少数ながら留学生の研究その他についてサポートする日本人もしくは他の留学生がいる場合、言葉の問題を克服できることがあった。この問題は留学生の研究についての研究体制や方法とも密接に関わっていた。

3. 研究方法並びに研究体制

留学生の専門分野における研究方法や研究室での研究体制も留学生の研究遂行に影響があった。完全に1人で実験や研究を行うか、グループで研究するかによっても、留学生の置かれた状況は異なった。Pak Pranowoの研究室ではグループで研究を行う体制になっていた。そして実験器具の数や使用に制限があった。各学生の年間実験スケジュールが決まって

おり、同じ実験グループの学生はお互いの実験で協力することになっていた。つまり決められた期間に実験結果を出すことが同じグループの学生の責任となった。このことが Pak Pranowo のグループの学生が彼の実験もやってしまうことにつながった可能性がある。この日本人学生たちの対応は Pak Pranowo にとっては問題だった。誰かが Pak Pranowo に実験装置について説明しなければ、Pak Pranowo が実験について学ぶことは難しく、彼の研究遂行にも影響した。そして笹本先生の期待に応えることもできなかった。

　一方で、Pak Taufik のように研究や実験を基本的に1人で行う研究分野や、実験装置や器具を自由に使える研究室に入った留学生の場合、研究についての指導や助言が教員や他の学生から適宜得られれば、研究を主体的に行うことができた。

　このように研究方法並びに研究体制、更には実験装置や器具へのアクセスの問題が留学生の研究遂行と密接に関わっていた。

4. 教員の指導

留学生の研究テーマがどのように決められ、そこにどの教員がどのように関わるかが留学生の研究遂行に影響を与える場合があった。指導教員が留学生の入学当初から研究テーマ及びスケジュールを決め、徹底して指導する体制にある研究室に入った留学生の場合、成果が得られれば、通常の期間内に課程を修了することも可能となった。また研究が遅れたとしても、途中からでも指導教員が徹底した指導を行えば、遅れを取り戻せる場合もあった。

　一方笹本先生が D の Pak Pranowo の研究に対する主体性を待つ姿勢をとったように、指導教員と留学生との間で研究テーマ並びに進め方について意思の疎通が十分図れなければ、時間だけが過ぎて、研究成果は挙がらず、学位取得も遅れていった。実質的な指導を担当する教員の研究指導の仕方が留学生の研究生活に影響することがあった。

更に教員の指導が留学生個人の問題に及ぶことがあった。例えば留学生の家族呼び寄せを教員がどのように捉えるかによって、留学生と指導教員との関係に影響することがあった。

5. 研究室での人間関係

研究室の教員間の人間関係が留学生の研究テーマの選定、留学生への指導体制に影響する場合があった。教授の力が絶対的である研究室において、留学生のテーマ、指導の仕方に教授の意向が反映されたが、それが留学生の研究遂行にプラスに働くこともあれば、マイナスに働くこともあった。Pak Taufik のように指導教授の佐田先生により研究テーマの変更が可能となるケースもあった。一方で笹本先生は研究室での決定権が教授にあり、自分の意見が通らないことに不満を感じていた。しかも一番大変な留学生の指導を押し付けられたことの不満、そして実質的な指導教員としての大きな責任を感じていた。そのことが笹本先生の思い通りに動かない Pak Pranowo への苛立ちにつながっていた可能性がある。

また留学生が研究室で他の学生からサポートを得られるかどうかは、日本人学生間の先輩―後輩関係の中に入れるかということに関わることがあった。通常日本人学生の場合、学年が同じであれば同年齢であることが多かった。学部を終え大学院の同じ研究室に進学すると、研究室での経験の多い学生は年齢が上であった。年上の先輩は年下で経験の少ない後輩に命令したり叱ったりした。後輩は先輩に尋ね、実験を手伝うことを通して、研究について学んでいった。

Albertus は長年の A 大学での経験を通して、日本人の先輩と同じように考え行動するようになっていた。一方で、研究室に後から入った学生が他の学生より年齢が上だとうまくいかないことがあった。Pak Zainal は庄内さんとは良い関係になり、研究についても学ぶことができたが、西さんとはなかなかうまくいかなかった。一方で Pak Taufik のケースにあるように少数でも他の学生と良好な関係を築くことができれば、研究生活がスムー

ズになった。

6. 研究室とインドネシア人大学院生

大学院生がそれぞれ所属していた研究室のメンバーとしてどのように研究室に関わるかは、インドネシア人留学生それぞれが判断していた。学位取得を目指す留学生にとって、研究遂行は重要であり、そのためにも人間関係は重要だった。研究室内のヒエラルキーや人間関係の中で、それぞれが判断し、行動していた。例えば Pak Zainal にとって他のメンバーと夜の時間帯を含めて同じルーティンで研究室にて過ごすことは重要だったが、一緒に外食することは重要ではなかった。Pak Taufik のように当初参加していた「お茶の時間」に参加しなくなったケースもあった。留学生の所属する研究室の活動の中で、また時間が経過する中で、各留学生が置かれた状況を理解し、可能な範囲で選択して行動していた。

III　おわりに

研究室組織を持つ日本の大学院の各研究室には独自の習慣や人間関係がある。そこで研究生活を送る留学生にとって、研究分野や研究内容そのものだけでなく、各研究室のシステムを理解し、そこでの人間関係を把握することは重要だった。そのことが研究遂行、更には学位取得まで影響することがあった。研究室における留学生と教員や他の学生との関係には様々な要因が関わっている。文化習得の問題を検討するにあたり、大学院留学生を対象とする場合、研究室での体験を留学生個人のレベルで詳しく長期的に調べることが必要である。

　本章ではインドネシア人大学院生の捉える研究室の世界について検討してきたが、次章では学部生の捉える世界について検討していく。

注
1 教員の呼び名や職名について、フィールドワーク当時のもの(「教官」「助教授」「助手」など)を使った。
2 筆者はフィールドワークの一時期、笹本先生の同僚の畑中先生の研究室の1部屋を借りていた。

7 学部生が日本人学生と「友人」になることは難しい

本章ではA大学の学部生の生活の中から、日本の学生との友人関係に絞り、インドネシア人留学生の捉える世界について描いていく。

A大学のインドネシア人学部生の生活の中で、特に1、2年の間は授業中心だった。必要な科目を履修し、単位をとり、学士号取得を目指した。そして多くの学部留学生にとって、入学後の重要な目標の一つが日本人学生と友達になることだった。しかし実際に日本の学生の友人を作ることは難しく、また友人ができても大変な経験をすることがあった。以下、A大学の4名の学部生の日本の友人との体験について描く。

I 学部生の捉える日本の学生との友人関係

1. Magdalena：学部2年生になったら友達を作るのが難しくなった

Magdalenaは1992年4月に学部2年生になった。学部1年生の時に教養科目を履修し終えた彼女は、2年目に入り、所属学部の概論や必須の言語科目を履修するようになった。Magdalenaは2年生になり、学内で親しい友人がいないので淋しいと筆者に話した。1年生の時には、教養科目を一緒に履修していた1人の日本の学生と友人になり、一緒に出掛けることもあった。しかし2年生になると、2人は学部が異なるため、それぞれ専門分野の授業を履修するようになった。そのため彼女はこの友人と滅多に会わなくなった。

Magdalenaは所属学部の2年生で唯一の留学生だった。Magdalenaはい

つも自分からクラスメートに話しかける努力をしていたが、すでにいくつかの小さいグループに分かれていたため、入っていくのが難しかった。彼女は違うグループのクラスメートと話したが、どこかのグループのメンバーであるわけではなかった。Magdalena によると、学部 1 年生と 2 年生で友人の作り方に違いがあった。1 年生の時には教養科目を一緒に履修するため、どの学部の学生とでも友人になれた。しかし 2 年生になると、専門の科目が入ってくるため、違う学部の友人と会うことが難しくなった。その結果、新しい友人グループができていったが、通常は同じクラブかサークル所属のメンバーで作られていた。

Magdalena は一度ダンスサークルに入ったことがあった。インドネシアでバリのダンスを小さい頃から習っていたこともあり、ダンスが好きだった。しかし彼女は入部半年後にそのクラブを辞めた。あまりにもサークル活動に時間を取られるからだった。彼女は授業についていくのに精一杯であり、とても忙しく過ごしていた。

Magdalena はインドネシアでの友人関係について話した。日本と比較するとインドネシアの友人グループはもっとオープンでゆるやかだった。Magdalena はインドネシアでは 1 人のとても仲の良い友人がいた。しかしそれぞれ別々のグループの友人がいた。Magdalena には日本の友人グループが排他的に感じられた。A 大学内では 1 人で過ごすことが多く、食事も 1 人だったため、孤独を感じていた。同じ授業をとっているクラスメートが何人かいたが、趣味や関心が異なる彼女たちと友人になれるとは思えなかった。

2. Kartika：1 年の 1 学期に友人を作ろうとした

Kartika も 1992 年 4 月に学部 2 年生になった。Magdalena と同級生だったが、Kartika は 1 年生の時にすでに友人を作るのを諦めていた。1 年生の最初の学期には彼もクラスメートも互いに友達になろうとした。しかし Kartika にとって、日本の学生の考え方や話す内容は彼のものとは違った。更に日本

語での会話についていけなかった。彼らの冗談に一緒に笑うことができず、孤立していると感じた。1年生の夏休みが終わり2学期になると、Kartikaの周りの学生たちはそれぞれ友人になっていた。彼は他の数人の学生と同様に1人で過ごすことを決めて、教室では前に座るようになった。

またKartikaはクラスメートからノートを借りたことがあった。しかし、それを読んで更にわからなくなった。この経験以後、彼は自分で図書館で英語の文献を探し、日本語の教科書と照らし合わせて自分で勉強するようになった。

3. Angraeni：図書館が友達になった

Angraeniは1992年4月に学部3年生になった。Angraeniには同じ学部の2人の日本の友人がいた。学部1年生の時から教養科目と専門科目を一緒に履修した。友人たちは授業のノートを見せて、助けてくれたこともあった。またAngraeniが寮の食堂の時間よりも遅くなった場合、一緒に夕食を食べることもあった。3人で一緒に映画を観たりすることもあった。

しかしながら、この2人の友人との関係で彼女は苦しむことになった。彼女はこの経験から、日本人一般との関係についても疑うようになった。Angraeniは当初この2人の友人と仲良くなりたく、何でも話したいという気持ちを持っていた。しかし2人の反応は必ずしも良いものではなかった。Angraeniが話すときに、何も言わずに黙っていることがあった。Angraeniともう1人の2人だけのときは、色々と話すことができた。しかし3人になると、2人が早い日本語で話し続けることになり、Angraeniから会話に入ろうと努力する必要があった。

Angraeniは彼女たちの一貫性のない態度についても困惑したことを説明した。時に2人は全く違う態度をとり、彼女を知らないかのような態度をとることがあった。Angraeniはこの突然の変化に驚き、困惑してしまうことがあった。しばらくして、2人は元のように彼女に親しく接するようになり、以前のように関心を示してくれた。この変化を通してAngraeniは

不安になり、2人との友人関係に疑いを持つようになった。インドネシア人だったら、一度親しくなったらずっと親しい、と話した。日本人の友人との関係は彼女にとって大きな問題だった。

　Angraeni は以前は1人で食事するのが嫌だった。ムスリムである彼女は、断食の期間も友人に頼んで、自分は食べなくとも、友人と一緒に食堂で過ごしていた。

　しかし、学部1、2年生の間に友人関係で大変な思いをする中、自分1人でも良い、自立しようと思うようになった。Angraeni は友人とは異なる専門科目をとるようになり、1人で昼食をとるようになった。授業の合間の時間帯は学部の図書館で過ごすようになった。図書館が友達になった、と筆者に話した。

　Angraeni は日本の友人との経験を通して、日本人全体に対しても批判的になっていた。Angraeni は簡単には人を信じられなくなったと話した。誰か親切な人に会うと、彼女はその人の動機を疑うようになった。日本人一般についてのイメージが悪くなるに従い、日本人の些細なミスでも許せなくなった、と話した。このことはインドネシア人に対する見方とは異なっていた。インドネシア人であればわかるので、許せると話した。

4. Supriyanto：最初から1人で過ごす

1992年に学部3年生になった Supriyanto が友人と呼ぶ日本人学生は、体育の授業で2年間一緒の学生だった。その学生とは話すことがあった。その他の大学の講義において彼は1人で座って聞いていた。講義ではグループで一緒に座って聞く学生もいれば、1人で聞く学生もいた。それはインドネシアと同じだった。

　ただインドネシアとの違いは、日本では同じ講義をとっていると知っていても、教室の外ではお互いに知らないように振る舞うことだった。Supriyanto はそれに戸惑った。インドネシアであれば、それほど親しくなくても、クラスが一緒で知っている学生と偶然会えば、「元気？」といって、

少しの間でも話すのが普通だった。

II 考察　インドネシア人留学生の友人の捉え方

1. 日本人の友人の必要性

留学生と日本人との関係は様々な角度から検討することが必要である。友人に関してはまず留学生が日本人の友人を必要とするのかどうかという問題がある。Magdalena と Angraeni の 2 人の女子留学生、男子留学生である Kartika は当初の 1 学期間、友人を必要としていた。一方 Supriyanto は日本人学生と友人になることがどうしても必要というわけではなかった。このように、友人関係の重要度は留学生の間で必ずしも同じでないことがわかる。

また留学生にとってその事柄の重要度は、留学中ずっと同じように維持されるとは限らず、留学中の体験により変化していく可能性がある。学部に入った当初は友人がどうしても必要だった Angraeni は学部 3 年生になる頃には、日本人の友人を必ずしも必要としないようになり、1 人でもいいと思うようになっていた。彼女のこの変化には 2 年間の日本人学生との友人関係が大きく関わっていた。

Magdalena は学年が変わり、履修科目の変化により、友人関係にも変化があった。同じ学部の友人ができない理由を自分がサークルに所属していないからであると理解していた。しかし彼女にはまだ日本人の友人を作ることが重要であり、淋しく感じながら同じ学部の学生に話しかける努力を続けていた。

2. 母国での友人との関係の影響

Magdalena、Angraeni、Supriyanto は日本の学生との関係を話すときに、インドネシアでの体験について言及していた。これらの学部生はインドネシ

アでの体験をもとに、友人関係、友達との付き合い方について理解して来日していた。日本の大学に入学した当初は日本の学生との関係において、インドネシアでの友人関係同様のものを想定していた。しかし必ずしも彼らの理解通りに行動しない学生に戸惑いを経験することもあった。それでも友人を作りたい、友達と親しい関係でいたいという気持ちのある場合、またそういう気持ちの続く間は、引き続き努力を続けた。

3. 日本人学生との関係を通して作られる日本人一般に対するイメージ

留学生は様々な日本人との出会いがある。その日本人との関係が、日本人一般のイメージに影響を与えることがあった。Angraeniは日本の学生に対して、彼女の理解する友人、すなわちインドネシアでのようにどんなことでも話せる友人、としてふるまうことを期待していた。しかしその学生が彼女の期待通りに行動しないばかりか、理解できない態度をとることがあった。彼女の理解する友人と現実の日本人学生の友人としての態度の落差、それへの失望から、友人に対して不信感を抱くようになっただけでなく、日本人一般に対しても否定的なイメージを持つようになっていった。

III　おわりに

本章では学部留学生の生活の中から、日本の学生との関係について、留学生の視点から検討した。入学当初日本の学生と友人となることは学部留学生にとって大事な目標の一つだった。インドネシア人留学生は母国での体験をもとにした友人についての認識と照らしながら、日本人学生と付き合い、その体験を通して日本人との友人関係、また日本人について解釈し、理解しようとしていた。また留学中の日本人との直接の体験を通して、友人についての考え方、日本人についての捉え方が変化する場合があった。そのことが留学生自身の行動に変化をもたらすこともあった。本章では触

れていないが、学部生はそれぞれに仲の良い留学生の友人がいて、その友人の重要性について語っていた。

　留学に関わる様々な要因が留学生の体験に与える影響を明らかにするためには、具体的な場面や状況における留学生の体験を詳しく調べながら、留学生の留学前の母国での体験、留学中の体験、その体験に関する留学生の理解の仕方、これらの関連性を検討することが重要である。

　次章では、A大学で学ぶインドネシア人留学生の日常生活について描いていく。

8 日常生活──「インドネシア」の生活── から見えてきたもの

本章ではまず Pak Zainal が親しくしていた日本人男性太田さんとインドネシア人留学生数人との一泊旅行について紹介する。次に、A 大学で学ぶインドネシア人留学生のうち、主に単身で生活するインドネシア人大学院生が日本でも続ける「インドネシア」スタイルの日常生活について描いていく。その後、この日常生活について学ぶ中で、筆者の捉えるインドネシア人留学生の世界がどのように変化していったかについて説明する。

I 日本人の友人との交流

1. 太田さんとの一泊旅行

Pak Zainal は近隣の体育館にてバドミントンをする中で太田さんと知り合い、バドミントン仲間として親しくするようになった。太田さんは Pak Zainal とインドネシア人留学生たちと交流する中で、1992 年 5 月初めの連休中に一泊旅行を計画した。太田さんは A から電車で 1 時間ほどの X 市に、当時は住んではいないものの自宅を持っていた。太田さんは皆でその家に 1 泊して近隣の観光地を回る計画を立てた。5 月 2 日に太田さんは Pak Zainal に連絡してきた。Pak Zainal によると、太田さんはすでに X 市の自宅に戻り掃除をしたこと、A の最寄りの駅から X 市の最寄りの駅まで 30 人分の切符を購入したこと、1 人あたり 6,000 円となることを連絡してきた。筆者もこの旅行に同行することになった。

この旅行の中から Y 神社での出来事を紹介する。

2. Y神社での出来事

太田さんがインドネシア人留学生グループを連れてX市の各観光地を回る中、Y神社に着いた。Y神社の本殿の前に来ると、太田さんは留学生たちに拝礼の仕方を教え出した。「さあ、一緒にお参りしましょう。」「神社ではこのようにお参りします……。」

この時点で多数がムスリムであるインドネシア人留学生たちの表情が硬くなり、怒っていることがわかった。そして険悪な雰囲気となっていた。

Pak Zainalが強い口調で「太田さん、ムスリムはできません！」と言うと、ただならぬ雰囲気を察した太田さんは「わかった、わかった、次に行きましょう。」と言い、次の場所へ移動した。

3. 太田さんの捉えるインドネシア人留学生との交流

後日Pak Zainal宅にて筆者は太田さんと話す機会を得た。その中で神社での出来事について聞くと、太田さんはインドネシア人と日本人の宗教についての違いについて以下のように語った。

> インドネシア人は宗教についてはっきりしているけれど、日本人はファジーだから、その場に合わせる。日本人は神社で参拝してくださいと言われたら、言われた通りに参拝する。教会では言われた通りにお祈りする。

このように違いを語りつつも、太田さんはインドネシア人留学生との交流について楽しんでいる様子も話した。

> インドネシアの人、皆優しくて、親切だから、好きですよ。［一泊旅行を］喜んでいたと思うけれどね。楽しかった、ありがとう、［と言っていた。］　日本人でもそうだけど、建前で傷つけないようにそう言うから、本当のところはわからないけれど。もしあればまた行きますよ。

4. 太田さんとの一泊旅行から見えてくること

太田さんはインドネシア人留学生との交流を積極的に行っていた。本章で紹介したこの一泊旅行についても太田さんは計画から段取りまですべて行い、計画通りのスケジュールにて実施した。インドネシア人留学生たちの意外な反応に驚くことはありつつも、太田さんが当然と捉える日本でのやり方や考え方と行動があった。

一方でインドネシア人留学生たちは日本での生活や日本人たちとの交流において、合わせられるところ、また合わせる必要があると判断したものについて合わせていた。しかしながら、どうしても合わせられないものもあった。例えば宗教のように、インドネシア人留学生にとって重要であり優先される場合、日本であっても、インドネシアから持ってきたものが優先された。

次にA大学留学中の日常生活について紹介する。

II 単身のインドネシア人大学院生の生活

家族をインドネシアに残して単身でA大学に留学するインドネシア人大学院生達は週末も忙しく過ごしていた。在日インドネシア留学生協会[1]の活動に活発に関わるとともに、個人的に親しい友人同士で待ち合わせて、出かけることが多かった。この中から、あるインドネシア人留学生達の2日間の様子を以下に紹介する。両日ともに筆者も参加した。

1991年の大晦日12月31日、A地域のインドネシア留学生協会の新年会が、ある大学の留学生会館の広い部屋を借りて行われた。その日の午後から料理担当の留学生達がインドネシア料理を作った。その後、25、6名の出席者が集まり、新年会が始まったのは午後6時を過ぎてからだった。A支部長Pak Slamatの挨拶の後、1人1人自己紹介をした。この間、冗談

が入り、賑やかに会は進み、その後、会食となった。料理はインドネシアのカレー、ソーセージと野菜を炒めたもの、鳥の揚げ物、牛舌、飲み物はペットボトルの紅茶とコーラが出た。会は8時頃まで続き、その後全員で片付けた。この日の会費は1名あたり1,000円だった[2]。

　この夜、新年会終了後、A大学の宿舎に住むPak Cukの部屋に6名（男性4名、女性2名）のインドネシア人留学生が集まった。夜遅くまで、賑やかに話が弾んだ。Pak Cukはココアを作ったり、サツマイモにスパイスを何種類かまぶし、揚げて出した。夜11時を過ぎて、インドネシアの家族へそれぞれ電話をかけ、新年の挨拶をしていった。その間、インドネシアへかける電話の回数や電話代の話になったり、1人が弾くギターに合わせて歌を歌ったり、インドネシアについての真面目な話になったりしながら、時間が過ぎていった。夜が更けて、同じ宿舎の別の部屋に住むPak Ponchoが自室に戻り、残りの留学生と筆者は男女別れて別々の部屋に泊った。

　翌日、早く起きたBu Watiが鳥の揚げ物とインドネシアの焼き飯を作り、えびせんべい（kerupuk）も揚げた。そして一緒に朝食をとった。その間、別の部屋に住み前夜も参加したPak Ponchoと、前夜は来なかったBu Lilikの2人がPak Cukの部屋に来て、しばらく一緒に話しながら過ごした。その後、それぞれ帰途に着いた。

　帰る予定でPak Cukの部屋を出たものの、電車の駅に向かって歩く中、「元旦の町を見てみたい。」とBu Puspaが言い出し、Pak Kelik、Pak Pranowoと一緒にA地域の繁華街まで出かけることになった。ファーストフードのレストランに入り、簡単な食事をしたり、アーケード街に入り、元旦のため閉まっている店が多い中、開いている店に入ってみたりしながら、夕方までぶらぶら時間を過ごした（jalan-jalan）。この間、留学生たちは家族のいるインドネシアに「帰りたい」と連発していた。

8章　日常生活——「インドネシア」の生活——から見えてきたもの　　103

III　A地域での「インドネシア」式生活

A大学で学ぶインドネシア人大学院生達は日本での留学生活の中で、彼らの経験と理解に基づく「インドネシア」に可能な限り近い生活を続けていた。これらの中から特に日本とは異なる「インドネシア」式生活様式や人間関係について検討していく。

1. 在日インドネシア留学生協会の活動

上記の新年会は、在日インドネシア留学生協会のA支部の会合だった。日本に留学するインドネシア人留学生は、在日インドネシア留学生協会（Persatuan Pelajar Indonesia, Jepang）を組織し、活発に活動していた。全国組織の下に地域、県レベルで支部があり、A大学の留学生達も主にA支部で活動をしていた。特に大学院生達はこの協会の活動に積極的に関わり、会長や役員を交代で務めた。新来日留学生の歓迎会、帰国の途につく留学生向けの送別会を始め、セミナー、シンポジウムを企画した。また一般日本人向けのインドネシア紹介の企画も行った。

2. イスラームへの配慮と宗教

これらの留学生協会の会合は通常インドネシア式に企画され、進められた。その最も大きな特徴はイスラームへの配慮だった。食事を自分達で作る場合はインドネシア料理であり、肉はハラールミート[3]を使用した。また飲み物はソフトドリンク類だけで、アルコール飲料が出ることはなかった。また礼拝の場所の確保は必ず行われた。

上記の新年会のインドネシア料理の食材についても、前日に担当のインドネシア人達が電車で約1時間離れた店に出かけて買物を済ませていた。牛肉、鶏肉、ソーセージ、全てハラールミートを扱う食料品店にて購入していた。

A地域で学ぶインドネシア人留学生の中においてもインドネシア同様に

ムスリムが多数派だった。ムスリムたちは毎日の礼拝を続けるとともに、毎週金曜日の礼拝を一緒に行っていた。またA大学にはインドネシア同様に少数のカトリックやプロテスタントのキリスト教徒もいた。これらのインドネシア人留学生の中には自分の宗派にあった地域の教会を見つけて、礼拝に定期的に通う留学生もいた。

　A大学のインドネシア人留学生たちはそれぞれが信じる宗教が尊重され、それぞれの信仰に基づく生活を行っていた。そしてインドネシア同様にA地域でのインドネシア留学生協会のイベント等公式の場においてはイスラームへの配慮が行われていた。

3. 食事

上記の新年会、その後の Pak Cuk の部屋での食事を含め、インドネシア人留学生同士の食事は彼らの慣れたインドネシアスタイルだった。料理の仕方、味付け、揚げ方から、食事の仕方まで可能な限りそうしていた。例えば Pak Cuk の部屋での朝食でも、浅い深みのある平皿（カレー皿）にインドネシアの焼き飯と鳥の揚げ物を乗せ、揚げたえびせんべいを添えてスプーンもしくは手を使って食べた。

　またインドネシアから持参したり、送ってもらい、部屋に常備している唐辛子を使った調味料（sambal）や甘いソース（kecap manis）等を使って味をつけて食べる留学生もいた。この他、水道水を直接飲むことはなく、一旦沸騰させた水をボトルに入れて、冷蔵庫に冷やし、それを飲んでいた。

4. 時間と約束

待ち合わせの時間は通常、大体の約束の時間だった[4]。約束の時間に遅れてくる友人に対し、早めに来た友人はこだわらずに待つのが普通だった。留学生協会の会合でも一応始まりの時間は決められていた。しかし時間通りに始まることはほとんどなく、30分程度遅れて始まることが多かった。インドネシア人達はそれを見越して、ゆっくり到着していた。

また出欠表等を使って出席者数について予め把握することは通常なかった。例えば上記の新年会の場合、会の時間と場所について電話や口頭で案内があった。しかし出席者数について前もって厳密に把握することはなく、企画する方で大体の人数を予想し、それに合わせて料理等の準備をしていた。参加する側は自分達の都合に合わせて当日参加することもあれば、都合が悪くなれば参加しないこともあった。

5. 支払い

上記の新年会のような留学生協会の企画では当日の会費として参加者から集めた。しかし、個人的に親しい友人同士で出かけると、電車代、飲み物代、食事代等について、誰かが人数分一緒に払うことがあった。その後、別の機会に他の誰かが一緒に払った。このように交代で友人の分も一緒に払い合う大まかな方法では、負担する金額が厳密に言って同じになるわけではなかった。しかし、友人間で細かいところにこだわる様子は見られなかった。

また誕生日や祝い事があると、当事者が声をかけて友人と一緒に祝うことがあった。そしてその場合、当事者が全員分の支払いをするのが普通だった。

6. 入浴とトイレ

インドネシア人留学生達は通常インドネシアと同様に朝と夕方の入浴を続けていた。日本式の浴室の場合、通常浴槽の中には入らず、水もしくはぬるめのお湯を手桶でかけて使用していた。浴室とは別にトイレがあるアパートや寮に住むインドネシア人留学生によっては、コップや手桶をトイレの中に置いていた[5]。

7. 物を預けること

A大学のインドネシア人留学生の間では、一時帰国する友人に託してイン

ドネシアの家族への手紙やプレゼントを届けることがよくあった。また再来日する際には、今度はインドネシアの家族から手紙や食料品等を預かってくることもあった。

IV 考察（1） 日本で続ける「インドネシア」スタイルの生活

A大学のインドネシア人大学院生達は日常生活において、彼らの経験と理解に基づく「インドネシア」スタイルの生活を続けていた。またインドネシア人留学生同士ではインドネシア語、ジャワ人が多い場合によってはジャワ語を使って、冗談を言い合い、楽しく過ごしていた。更に親しい友人同士では可能なときに一緒に過ごし、インドネシアの家族のことを話したり、悩みを打ち明けたりしながら、単身で生活する淋しさを乗り越えようと努力していた。

　留学生にとっての留学の成果は何を目標として留学してきたかにより異なる。大学院生の多くがそうであったように、学位取得が目的である場合、それが最優先された。また研究の遂行状況が学位取得という留学目的及び成果に直結するため、留学生の研究上の問題、また研究室での人間関係の問題が、留学生活に影響していたケースもあった。

　しかし勉学面だけで留学の全容について理解したことにはならない。留学生の日常生活も留学生活の大きな部分を占めており、このことについても理解する必要がある。本章で見てきたように、インドネシア人大学院生は、日常生活の中で、また留学生協会の活動や親しい友人との付き合いの中で、日本にいながら彼らの経験と理解に基づく「インドネシア」を創っていた。宗教の重要性は勿論のこと、日常生活において彼らの経験と理解に基づく「母国」の生活スタイルに可能な限り近づける生活を行うことで、異なる環境に適応する努力をしていたとも言える。

　ただし、本章は留学生の中で比較的年齢が上で母国にポストがあり、将

来が母国にある大学院生についてのエスノグラフィーであることから、特に「インドネシア」スタイルの生活を維持する側面が強調されることになった。一方で学部からの留学生の中にはインドネシアスタイルには必ずしもこだわらない生活をするようになったケースもあった。このことから、留学生活が留学生の身分、将来計画や人生設計とも関連することにも注意しなければならない。

V　考察（2）　質的研究とフィールドワーク

　筆者がフィールドワークを続ける中で、研究テーマについて変化した部分があった。フィールドワークを始める前、文化習得の研究テーマの中で、留学生達がいかに日本について学んでいくのか、新たなものの学習について調べることを主な目的としていた。その後、フィールドワークを続ける中で、インドネシア人留学生の日常生活において、それまで認識していたのとは比較にならないほど、深く多岐にわたり「インドネシア」スタイルの生活を知ることとなった。

　インドネシア人留学生についての平日と週末の毎日のフィールドワークを通して、大学内での生活だけでなく、学外での生活が、インドネシア人留学生にとっていかに重要であるかを学ぶことになった。こうして当初のテーマだけではインドネシア人留学生の実態にそぐわないことに気づくことになった。このことを踏まえ、筆者は、留学生が日本でいかにインドネシアスタイルの生活を維持するのか、という観点を重要なテーマとして加え、インドネシア人留学生について調査を続けた。

　質的研究においても、研究者による当初の問題設定はある。しかしこのように当初のテーマは実際の調査を続ける中で変化してくる可能性が高い。研究者の枠組みが実際のインフォーマントへの参与観察やインタビューを通して検証され、それに伴いテーマや観点の変更も必要となる場

合がある[6]。このようなプロセスを通して、研究者はインフォーマントの世界に近づいていく努力を続けていく。

　留学生の観点から調べる留学についての研究では、留学生がどのような生活を日常的に送り、自由な時間にどこによく出かけ、そしてどのような人間関係を持っているか、更には何を大事にして生活しているかについて把握することも重要である。

　また、長期的に研究を続けなければ、留学生が置かれた状況や時期による変化について見えてこない。本章では主に留学生の留学前半の単身での生活について紹介しているが、筆者のフィールドワークの後半、家族呼び寄せ後、正規課程後半、また追跡調査を通して、インドネシア人留学生の生活に変化が生まれていった。来日初期は単身だったインドネシア人大学院生で、途中で家族を呼び寄せた場合、家族来日後はそれまでとは一変して家族との生活が中心となった。また留学時期の後半になると、研究で忙しくなり、インドネシア人留学生同士の関わりは留学初期と比較すると少なくなっていった。

　来日当初から留学前半にかけて比較的時間があり、単身者同士で週末ごとに外出して淋しさを紛らわす時期から、家族来日後、家族との生活に忙しくなり、留学後半に研究中心の生活を過ごす時期まで、各時期において留学生が関わる人々、時間の過ごし方にも変化がある。このことは、留学生の一時期について調査するだけでは捉えきれない問題である。この変化を把握するためにも長期的な質的研究が不可欠である。

VI　おわりに

本章ではまず Pak Zainal の日本人の友人である太田さんとの一泊旅行の中から神社での出来事を通して、太田さんの捉えるインドネシア人留学生との交流について簡単に紹介した。その後、A 大学のインドネシア人留学生

8章　日常生活——「インドネシア」の生活——から見えてきたもの　　109

の視点からの日常生活について検討してきた。インドネシア人大学院生は、A大学での留学生活の中で、母国からの生活様式や人間関係を維持できる場と時間を確保していたことがわかった。

　留学に関する研究では、例えば留学生の勉学面の問題というように、一つの側面についての理解も大切である。しかし、それだけでは留学についての全容の解明にはならない。本章ではA大学のインドネシア人大学院生の日常生活について検討し、留学生活の一側面について明らかにした。このように、留学に関わる多様な側面のそれぞれについて詳しく調べることを通して、留学の全体像を明らかにしていくことが必要である。

　また本章の後半において、A大学にてフィールドワークを続ける中で筆者の捉えるインドネシア人留学生の世界が変化した様子についても説明した。インドネシア人留学生たちがA大学での生活を通して、日本のやり方に合わせることがある一方で、インドネシアから持ってきたものを活用したり、優先する状況について学ぶことになった。

　次章では家族を呼び寄せて留学生活を送るインドネシア人留学生の世界について描いていく。

注

1　これは日本で学ぶインドネシア人留学生の全国的な組織である。この活動については本章のⅢ　A地域での「インドネシア」式生活の「1. 在日インドネシア留学生協会の活動」で説明する。

2　この日の新年会では、当日の会費とともに、A地域のインドネシア人留学生の緊急時のために、1人あたり500円の寄付の呼びかけも行われた。

3　イスラームの教えに則って処理された肉を指す。

4　しかし、どうしても時間に遅れてはならない約束や会合の場合には、インドネシア人達は間に合うように出かけていた。ただしインドネシア人留学生同士の会合で時間厳守で始まることはほとんどなかった。

5　筆者が訪ねたインドネシアの元留学生の家では、通常浴室とトイレが一緒になって

いた。トイレでは水を使用し、トイレットペーパーは使っていなかった。また公共の施設でトイレだけがある場合でも、トイレの個室に水場や水道栓があり、水を使うことが常に可能だった。そしてトイレの内部では水を流せるようになっており、床面は常に水で濡れている状態だった。

6 このことについては、例えば箕浦（1999）がフィールドワークのプロセスの中で説明している。

9 家族を呼び寄せて
留学生活を送る

本章では家族を伴って留学するということについて、留学生来日、家族呼び寄せ、家族との生活、そして家族との帰国、のプロセスを追いながら、留学生及び家族の視点から明らかにすることを試みる。

1991-1992年はA大学の既婚インドネシア人留学生数名が家族呼び寄せの手続きを行い、家族が来日する、という時期に重なった。その後の追跡調査においては、留学生家族の生活が軌道に乗り、更に留学を終えた留学生家族がそれぞれ帰国する時期に重なった。こうして筆者はインドネシア人留学生の単身での留学生活、家族との留学生活、更に留学を終えて家族共々帰国するというプロセスを追うことになった。

I 留学生家族についての研究

日本における留学生についての研究では、これまで留学生本人が研究対象の中心となってきた。1990年代には横田（1996）も指摘するように、留学生だけを対象とした研究の他に、留学生と日本人の関係についての研究も増加した（pp. 48-49）。

その一方で留学生家族の問題を中心にした研究はこれまでほとんど見られなかった。しかし1990年代に入ると、数は少ないながらも、留学生家族を対象とした研究も現れるようになった。例えば白土（1993）は留学生の妻の抱える問題と、それに対する日本人ボランティアの活動について報告している。大橋（1997）は留学生とその配偶者を対象とした質問票調査

と、受け入れ大学側の留学生家族への援助の実態についての質問紙調査を行った結果についてまとめている。また柴山（1996）は中国人・韓国人留学生家族の子どもの保育園での生活、それに関係する育児行動について調べている。この他に庄司（1995, 1996）が留学生家族、家族の支援に関わるボランティアについて調査を行っている。

このように留学生家族に焦点を当てた研究が、少ないながらも見られるようになったのは、留学生家族の問題を留学生に関わる問題として捉えることの重要性を認識する研究者が、以前と比較して増えてきたことと関係していると言える。

特に大学院レベルの場合、家族同伴で留学する留学生は多い。そうであれば、留学生についての研究は当然留学生家族についての研究も含むことになる。留学生家族についての研究が、留学生についての研究の重要な分野の一つであると認識し、この分野での研究を進めていくためには、留学生家族の実態調査や量的研究は勿論必要である。しかしそれだけでなく、留学生が家族を伴って留学するということはどういうことなのか、留学生及び留学生家族の視点から理解することも必要である。このような研究課題の場合には、質的研究を通して、留学生家族の個々のケースについて詳しく調べていくことも重要となる。

本章では、A大学の大学院に留学し、家族を呼び寄せたインドネシア人家族の生活について、滞在の時期に従って明らかにする。その際、家族で生活したPak Zainalの家族とPak Pranowoの家族のケースを中心に紹介しながら検討する。

II 既婚インドネシア人の日本留学

1. A大学のインドネシア人留学生と家族

A大学に大学院レベルで留学して来たインドネシア人は、大学教員もしく

は官庁に勤める国家公務員で、インドネシア政府もしくは日本政府（文部省）の奨学金を得て留学してきていた[1]。これらインドネシア人大学院生の来日時の年齢は20代後半から30代で、既婚者が多く、子どものいるインドネシア人もいた。

　A大学に大学院レベルで留学してきていた17名の中で、1991年時点で家族を伴って生活していたのはPak Taufikの家族だけだった。しかし1992年が終わるまでに新たに5名のインドネシア人留学生が家族を呼び寄せた。そして1995年以降、留学を終えたインドネシア人はそれぞれ家族と一緒に帰国していった。

　1992年時点にA大学で学ぶ既婚インドネシア人留学生の中で、家族を呼び寄せた留学生は全員男性で、家族として呼び寄せられたのは妻と子どもだった[2]。インドネシアで仕事をしていなかった妻の他に、日本へ行くためにインドネシアでの仕事や勉学を中断、もしくは辞めてきた妻がいた。また夫同様に日本の大学院留学を目指し、運良く別の奨学金を得て、A大学大学院の研究生として生活を始めた妻もいた。その一方で、妻のインドネシアでの仕事の関係から、家族呼び寄せを諦め、単身で留学生活を続けた男子留学生が1名いた。

　以下に留学生の来日、家族の呼び寄せ、家族との生活、家族との帰国という留学の時期の流れに従って、留学生家族の生活について明らかにしていく。

2. 留学生の来日と単身での生活

既婚インドネシア人にとっての日本留学はまず家族との別れから始まった。それは留学生が通常単身で来日したからである。1990年代に日本政府もしくはインドネシア政府の奨学金を得て大学院レベルから留学した場合、来日後半年間日本語の集中研修を受けた。その後専門を学ぶ大学に研究生として入り、半年から1年間研究生として在籍する間に、大学院正規課程の入学試験を受けた。その試験に合格すると、来日した年の翌年4月

からA大学大学院の正規学生となった[3]。

　A大学の既婚インドネシア人留学生にとって、家族を残しての日本での単身生活は淋しく、インドネシア人留学生同士の交流が非常に重要となった。

　またこの留学生協会の活動以外にも、単身で生活する既婚インドネシア人は同じく既婚で家族を母国に残した友人との緊密な関係を保った。週末に一緒に繁華街へ出かけたり、友人宅に泊まったり、その他、食事やスポーツ（テニス、ボーリングなど）、誕生会等、様々な形で週末ごとに集まっていた。

　こうして単身での生活の淋しさを紛らわしながら、滞在が長くなる既婚インドネシア人留学生は家族呼び寄せを検討した。家族を呼び寄せるか否かは留学したプログラムにより異なった。研修生として日本滞在が1年半（日本語研修半年、研修1年）のインドネシア人は通常単身で生活した[4]。一方、大学院正規課程に入学するインドネシア人は、特に博士課程まで進学する場合、家族を呼び寄せるケースが増えた。

　1989年に来日した大学教員Pak Pranowoは修士課程を終えて、1992年春に博士課程に進学した。インドネシアの学校年度の区切りの良いその年の夏に妻Mbak Atuと子ども3名を呼び寄せた。1991年春に来日した官庁所属のPak Zainalは翌1992年4月に修士課程に入学した。この時期に合わせて妻Mbak Miaと子ども1名を呼び寄せた。

3. 家族を呼び寄せる

留学生が家族を呼び寄せる決断をすると、まずその手続きを始める必要があった。大学院正規課程入学が確定するのを待って手続きを始める者もあれば、研究生になった時点で手続きを始める者もあった。Pak Pranowoは修士課程を終え、博士課程進学が決定すると、更に3年間の滞在となることから、家族呼び寄せの手続きを始めた。Pak Zainalは1991年4月から半年間の日本語研修を終え、10月にA大学の研究生となると、家族呼び寄

せの手続きについての情報を集め始めた。

(1) 家族呼び寄せの手続き
まず入国管理局にて家族の在留資格認定証明書の申請が必要だった。この証明書は家族がインドネシアの日本大使館もしくは領事館にて家族滞在ビザを取得するために必要だった。この認定証明書申請に必要な書類としてPak Pranowo が用意したものは以下のものだった。1. A 大学からの在学証明書、2. 学生証のコピー、3. 健康保険証のコピー、4. 市役所からの外国人登録済証明書、5. 指導教授からの推薦書、6. 妻との婚姻証明書（英訳つき）、7. 子どもの出生証明書（英訳つき）、8. 家族の顔写真各 2 枚ずつ、9.（留学中の経済状況を証明するための）奨学金証明書、10. 切手（300 円）を貼った自分宛の封筒。Pak Pranowo はこれらの書類を準備した上で、入国管理局へ出向いた。在留資格認定証明書発行のための申請書に記入し、手数料分の印紙を買い、必要書類とともに提出した。

家族を呼び寄せた A 大学のインドネシア人留学生は日本政府もしくはインドネシア政府の奨学金を得ていた。彼らは家族呼び寄せに際し、入国管理局から経済上の問題を問われることはほとんどなかった。

1991-1992 年当時、入国管理局で申請を行った後、約 2 週間から 1 か月で証明書は発行された。それは郵送されるか、通知を受け取った留学生が入国管理局に出向いて、在留資格認定証明書を直接受け取った。留学生はその証明書をインドネシアの家族に送った。家族はインドネシア日本大使館もしくは領事館にこの証明書を持参し、家族滞在ビザ取得の手続きを行った。ただしこの在留資格認定証明書発行日から 3 か月以内に来日しなければならないことになっていた。そのために家族来日予定時期から遡って、入国管理局での手続きを始める必要があった。

(2) 家族来日の準備
留学生は入国管理局での手続きとともに、家族のために住居を用意した。

政府奨学金を受給し、単身で来日したインドネシア人留学生は、通常留学生会館等の単身者用住居に住んでいたため、家族来日に備え、家族で住める広い住居を探す必要が生じた。

　Pak Zainal は A 大学国際交流会館の家族室に 1991 年 12 月に申し込んだ。結果は翌年の 2 月頃にはわかるということだった。もしそこに入居できなければ、民間のアパートを探さなければならない。それで彼は民間アパートについての情報も探しながら、国際交流会館入居の結果を待った。

　民間アパートを探す場合、できるだけ大学に近く、保証金や家賃の安い所を探した。A 大学のインドネシア人留学生の多くは工学専攻だった。工学部には留学生相談室があり、Pak Pranowo のように、この相談室を通して大学近辺のアパートを探してもらったインドネシア人留学生もいた。またインドネシア人留学生同士での情報交換も盛んに行われた。アパートの同じ棟に空きができると、アパートを探している友人に連絡することを始め、帰国の決まったインドネシア人留学生が、家族来日を控えた別のインドネシア人留学生に紹介することもあった。一方家族来日を控えたインドネシア人が、留学生活最後の年度となったインドネシア人留学生を把握しておき、帰国の時期が決まったら連絡してもらうよう予約しておくこともあった。

　住居の他、来日する家族との生活のために、洗濯機、冷蔵庫、食器類、寝具、その他の家庭用品を揃える必要があった。A 大学の工学部留学生相談室に頼んだり、帰国が決まったインドネシア人やその他留学生から安く譲り受ける他、留学生を対象とした日用品のリサイクルバザーも活用していた。

4. 家族との生活
(1)　家族来日後の手続き

家族が来日すると、再会を喜ぶとともに、様々な手続きに追われた。1992 年 8 月 24 日に Pak Pranowo は妻 Mbak Atu と 3 人の子ども全員を伴

い、B 市役所に行った[5]。そこで外国人登録と国民健康保険への加入の手続きを行った。その後 Pak Pranowo の長男 Tito の B 市内の小学校への編入手続きのために、B 市教育委員会へ行った。Pak Pranowo と担当者の相談の結果、インドネシアで小学 1 年を終えてきた Tito はアパートから徒歩 10 分程度の B 小学校 2 年生に編入することになった。教育委員会の担当者が小学校に電話をして、小学校での面会日時の予約をとった。教育委員会での手続き後、次男 Mahendra と三男 Edo の保育所の申し込みをするために市役所の児童福祉課に行った。しかし家族滞在ビザの外国人が親の場合、申し込みを受け付けられるかわからない、検討の上、電話連絡する、という対応を受けた[6]。

　B 小学校には 8 月 27 日の午後に行った。Pak Pranowo は三男 Edo の相手をして自宅に留まり、Mbak Atu、長男 Tito、次男 Mahendra が行った。そこでは校長、教頭、関係教諭の他、A 大学工学部留学生相談室のスタッフも出席していた。クラスについての説明があり、クラス及び担任がわかる 9 月 1 日は始業式であるため、8 時半までに学校に来るように、との指示があった。

　この他、新学期が始まるまでに用意するものについて説明があった。連絡帳と上靴については近くのスーパーに売っているものを購入し、ノート類、ピアニカ、絵の具については後で連絡をもらうことになった。この他体育服を学校から注文するために身長、体重を聞かれた。帽子は学校にあった新しいものを直接購入した。また給食費や学校に関わる経費については B 市から援助を受けられる制度があるという説明を受け、申請するか聞かれたのに対し、Mbak Atu は申請すると答えた。そのために必要な書類として Pak Pranowo の在学証明書、奨学金の証明書、日本での所得証明書[7]が必要であるとの説明があった。

　これらの諸手続きのために、家族が来日した当初、留学生は特に多忙な日々を送った。Pak Pranowo は家族が来日した 8 月下旬には研究室にほとんど行けなかった。彼は直接の研究指導担当の笹本先生に家族来日につい

ての事情を説明していたが、笹本先生が家族呼び寄せを快く思っていなかったこと、またそれまでの Pak Pranowo と笹本先生との関係の問題が続いていたことから、9月に入り Pak Pranowo と笹本先生との関係は最悪の状態に陥ることになる[8]。

(2) 来日初期の生活
留学生家族の A での生活が始まった。インドネシアでの生活との大きな違いの一つは、家事すべてを留学生夫妻が自分達でしなければならないことだった。A 大学にいたインドネシア人留学生がインドネシアで暮らしていたときには、通常住みこみのメイドがいた。夫婦は炊事、洗濯、掃除、買い物等についてメイドに指示を出すことはあっても、実際に行うのはメイドであることが多かった。しかし A にきて、実際の炊事、洗濯、掃除、買物、これらすべてを夫婦でやらなければならなくなった。

また来日当初は日本語が話せず、A の様子もわからないために、夫であり父である留学生が大学に出かけた平日には、妻や子どもは孤立してしまうことが多かった。Pak Zainal は妻 Mbak Mia と息子 Deni の A での生活について心配が続いた。

(1992年4月) 家では勉強できない。忙しいし、息子はよく泣く。まだどこにも行っていない。妻はまだ日本語ができない。［息子は］ここでは甘やかされてしまった。いつも母親と一緒。インドネシアだったらメイドがいるので、どこにでも行ける。今はいつも母親と一緒で、しょっちゅう泣いている[9]。
(1992年7月) 妻は心理学を専攻していたので、子どもについてわかっている。日本に来て、Deni は良くない方向にいっている。毎日母親と父親とだけしかいないし、家にずっといる。…［子どもを預けるために］妻は仕事を探す必要が出てきた。…保育園がそばにあるかわからない。［今から保育園に預けるのは］可哀相だ、まだ1歳半だから。

…妻は家にずっといて、料理をし、子どもを風呂に入れている。1人で出かける勇気がまだない。単調で、退屈している。それで家族のために時間を作るようにしている。最低週末には［一緒にいるようにしている］。

　インドネシア人留学生の子どもが、Aで家族以外の人と接触を始めるのは、学校もしくは保育園を通してだった。Deniのことを心配したPak Zainal夫妻は8月に入ると市役所の児童福祉課での手続きを始めた。1992年当時Pak Zainalの家族が住むC市役所の児童福祉課では、母親が仕事を探している段階でも、保育園への申請を受け付けていた。Deniは8月31日から保育所に行き始めた。最初の2日間は泣き止まず、Pak Zainalは程なく連れて帰った。3日目からMbak Miaが一緒に昼まで保育所にいることになった。するとDeniは落ち着いて遊ぶようになった。Deniは半月後の9月中旬には他の子ども達と昼寝を一緒にして、夕方まで保育所で過ごせるようになった。しかしこの頃も母親がそばにいることが必要だった。連休があり家に居る時間が続くと、保育所で再び慣れなくなり、一進一退の状況が続いた。Mbak Miaはここでの生活が最も長いBu Taufikに相談していた。

　Bu Taufikが言っていたけれど、Cuk（Taufik夫妻の息子）も［Aで保育園に行き始めたときは］大変だったそう。3か月も泣いていたらしい。でもずっと泣き続けていたわけではなくて、［朝］送ってもらった時に［泣いていたそうだ］。…Bu Taufikが辛抱強く［子どもが保育所に慣れるのを待たなければならない］、と言っていた。

　Pak Pranowoの長男Titoは1992年9月から小学2年生としてB小学校に編入した。彼の通ったB小学校はA大学に近いことから、Titoの他にも外国人児童数名が通学していた。この小学校には外国人児童担当の専任

教師がいて、きめ細かな対応をしていた。また外国人児童向けの日本語の授業が週2回用意され、Tito はその時間インドネシア語の話せる日本人大学生の担当するクラスで勉強した。この小学校には Tito に他に Pak Taufik の息子 Cuk と Pak Abdulah の娘 Alpha も通っていた。ムスリムの子ども達のためにこの B 小学校では特別な給食を用意していた[10]。

　留学生の妻達は A でパートの仕事を探した。日本語がわからないために、職種は限定されたが、留学生同士の情報交換やその他のルートで、積極的に仕事を探した。Mbak Mia は息子 Deni を保育所に入れると、並行してパートを探した。

　一方 B 市では、「子どもの社会性のため」という理由で、Pak Pranowo の次男と三男の保育所入所の申請は市役所において受理されたものの、2人とも実際には入園が決まらないまま時間が過ぎた[11]。その間、Pak Abdulah の家族が他の市へ引っ越した後、Bu Abdulah の後任として Mbak Atu は近所の店で早朝のパートの仕事を始めた。

　慣れない環境のもとで、来日当初はインドネシア人留学生コミュニティのネットワークが重要となった。インドネシア留学生協会の企画の多くは、新留学生歓迎会や卒業する留学生の歓送会等、家族ぐるみで参加できるものが多かった。子どもたちは一緒に走り回って遊ぶ中、留学生の妻達はこれらの場で情報交換した。例えば子どもの学校、保育園についての情報、パート、子どもが病気になったときに英語がわかる医者のいる病院、安い店、その他、様々な情報を交換した。

(3)　A での生活が軌道に乗る

来日初期は慣れない生活に対してインドネシア人留学生家族は戸惑っていた。しかし時間が経つにつれて、A での生活は次第に軌道に乗った。子どもたちは新しい学校、保育園に慣れ、友達を作り、学校生活を楽しむようになるとともに、日本語も上達した。Pak Pranowo のアパートには Tito のクラスメートが頻繁に遊びに来ていた。また次男の Mahendra は 1994 年

に同じB小学校に1年生として入学し、学校での生活に慣れると、放課後は毎日のように自転車で友達と遊びに出かけた。

　妻達は地域の日本語教室で日本語を学ぶこともあったが、彼女達にとって日本語を学ぶ最良の機会はパート先で仕事をしながらだった。次第に仕事に慣れるに従い、日本語を覚えていった。Mbak Atuは2年間パートの仕事をする中で、経営者夫妻、仕事仲間と親しくなった。親しくなった同僚と買物に一緒に出かけたり、一緒に食事して、楽しく過ごした。

> 社長さんはとてもいい人。店の人もみんないい人。親切に教えてくれる。…毎週木曜日には店が休み。だから［同じ店に一緒に勤める］奥さんたちと…買い物に行った。ちょうどセールの時。帰りには昼食を一緒にとった。

　留学生は家族との時間を大事にした。子どもの保育園の送り迎え、料理、片づけ、アイロンかけ等、分担、協力していた。また週末、特に日曜日は家族との時間を持とうとした。

　しかし博士課程に進学したインドネシア人留学生は、それぞれの研究で忙しくなった。食事の時間には帰宅するものの、その後再び大学に戻り、研究室にて夜遅くまで過ごす日々を続ける留学生もいた。

　この変化とともに、Aのインドネシア留学生協会の活動にも変化が見られるようになっていった。家族で生活するインドネシア人留学生は、単身で生活していた時期と比較すると、インドネシア留学生協会の活動に関わる時間が減った。その結果、Aの留学生協会は以前のように活発ではなくなり、最低限の歓迎会と歓送会、その他ごく限られた活動を行うようになっていった。

　またインドネシア人留学生の中には、A大学留学中に引っ越す必要が出てくる場合があった。キャンパスのそばのA大学国際交流会館に住んでいたPak Zainalは、夕食時には一旦帰宅して家族とともに食事をとり、そ

の後研究室に戻る生活を続けていた。ムスリムとして毎日の礼拝も家で行っていた。しかしこの国際交流会館には2年間という期限があった。そのため修士課程を修了して博士課程に行くことが決まった時には、国際交流会館を出て、民間アパートを探す必要が生じた。Pak Zainal と Mbak Mia は、Deni が保育園を変わらなくてもいいように、大学近辺のアパートを毎日曜日に探した[12]。

更にA大学留学中に家族が増えたインドネシア人留学生家族もいた。Mbak Mia は Pak Zainal が博士課程3年になった年に妊娠していることがわかった。この頃 Pak Zainal は博士号取得の条件として必要な査読論文がこの年度内に3本とも完成が可能か、まだ見通しが立っていなかった。また、この春に指導教授が退職し、研究室の助教授(当時)が教授となったため、研究室内の状況が変わっていた。これらの状況下、Pak Zainal はかなり困難な日々を送っていた。

Mbak Mia はAでの生活が5年目を迎え、日常会話は日本語で通じるようになり、パート先を通して、またその他にも日本人の知り合いや友人が増えて、Aでの生活を楽しんでいた。息子 Deni も日本語を流暢に話すようになり、毎日元気に保育園に通っていた。しかし大学で大変な状況の夫を思いやり、Mbak Mia は家族だけ先に帰国したほうがいいか悩んだ。

しかし結局Aにとどまることを決意し、夫 Pak Zainal が研究に専念できるように配慮するとともに、出産に関しては、日本人の友人達に手伝ってもらいながら、準備を進めた。妊娠判明後、市役所にて母子手帳を受け取り、低所得世帯としての補助に関わる申請を行った。ムスリムである Mbak Mia は女医を希望し、近くの市民病院の女医が担当医となった。

Mbak Mia に対し、C市役所の児童福祉課と生活福祉課の担当者はとても親切に優しく対応した。この日の夜、いつもはAでの生活がとても気に入っていると言っている Mbak Mia の本音を聞くことができた。

[日本人との関係では]最初は私の方から一生懸命努力しなければ駄

目。[出会った最初は]相手は普通そう[親切ではない]。保育所でもそうだった。私は何もわからないから、間違ったことをするのではないか、といつも心配。でも、だんだん皆、親切になってくる。だから[今日]市役所に行ったとき、[初対面にもかかわらず親切だったので]とてもうれしかった。ものすごく親切だった。だから勇気を持って、何かあったら相談に行ける。

　こうして Mbak Mia は出産の準備を進め、翌年無事に女児を出産した。その頃には Pak Zainal の博士課程修了も近づいてきていた。

5. 帰国が近づく
(1) 留学が終わりに近づく

留学生家族の A での生活は、留学生が学位を取得して帰国するまでの期間という限定されたものだった。留学生が学位取得のための条件を満たし、公聴会、論文提出が終わる頃には、家族共々帰国の準備をしなければならなくなった。Pak Pranowo の家族は 1995 年夏まで 3 年間、Pak Zainal の家族は 1997 年春まで 5 年間 A に滞在して、帰国することになった。

　インドネシア人留学生家族には、帰国後についての不安もあった。一つは子どもの教育のことだった。Pak Zainal の息子 Deni は帰国後、保育園に入ることになっていた。Deni のようにまだ小学校入学前に帰国する場合はそれほど問題にならなかった。しかし子どもが既に A で小学生になっていると、帰国後に学校についていけるかが心配の種となった。A 滞在が 3 年となった子どもたちは日本語が堪能になるに従い、インドネシア語を話すことはできても、インドネシア語での読み書きには支障が出てきていた。

　Pak Pranowo は帰国にあたり、Tito と Mahendra の成績表の英訳と、日本の学期制と在籍期間を記した書類の作成を小学校に依頼した。A で保育園に通っていた三男 Edo も含めて 3 名とも、Tito がインドネシアで通っていた小学校に編入することになっていた。Pak Pranowo 夫妻が一番心配

していたのは次男 Mahendra のことだった。Mahendra はインドネシアでは保育園に行っていた。来日から1年半後に B 小学校に入学し、帰国する年には小学2年生になっていた。小学校では日本語での勉強はしていたが、インドネシア語で使うアルファベットは勉強していなかった。インドネシアに帰国後、小学2年生に編入することになっていたが、果たして勉強についていけるか、Pak Pranowo 夫妻はとても心配していた。

Pak Taufik 夫妻は、帰国後まず Bu Taufik の実家に戻り、小学校の教師をしている実家の母親のつてを頼りに、インドネシア語のあまり話せない息子 Cuk のことを理解してくれる小学校を探すことにしていた。

A 大学のインドネシア人留学生の数家族はインドネシアでも同じ市に住んでいた。そこは大学町でもあり、中学校に順位ができていて、上位の中学校入学を目指して、小学生の間でも競争があった[13]。帰国が近くなった留学生夫妻達の間で、子どものことを相談したり、小学校について情報交換をするようになっていった。

インドネシア人留学生家族は A 滞在を楽しみながらも、帰国後の生活についての不安を常に抱えていた。A では質素に生活し、妻達はパートの仕事をしながら、できるだけの貯金をしていた。しかし国家公務員としての給料だけでは生活が非常に苦しいことはわかっており、その他に何らかの仕事をすることが必要だった。1994年の時点で以下のように語った Pak Zainal と Mbak Mia にとっても帰国後の心配はつきなかった。

> 国家公務員は、給料だけでは、他に何らかのビジネスかプロジェクトがなければ、食べていけない。ここ［A］に来た［インドネシア人の］親たちは帰国後のことを心配している。帰国したらどうなるのだろうか。ここの設備の整った生活に慣れてしまっている。…
> この間、インドネシアに［一時］帰国したときに土地を購入した。留学を終えて帰国したら、大学生向けの寮を作る計画がある。

インドネシア人留学生家族はA滞在中、節約及び貯金に励みながら、帰国後に備えていたとも言える。

(2) 家族共々帰国の途につく

帰国が1か月に迫ると、インドネシア人留学生の家族の生活は多忙を極めた。留学生たちは大学での論文提出等、学位取得に至る最後の手続きを済ませなければならなかった。またA大学から成績証明書、学位証明書を英文にて発行してもらい、インドネシア大使館もしくは領事館にて公証してもらう必要があった。これらの書類はインドネシアに帰国後、学位の公式認定を受ける際に必要だった。

その他に様々な帰国の準備が必要だった。数年間にわたる家族との生活で家庭用品は増えていた。Pak Zainalの家族は同じ時期に帰国する他のインドネシア人留学生の家族と共同でコンテナを借り、日本で使用していた電化製品、日用品等を持って帰った。一方Pak Pranowoの家族はコンテナを使わず、最低限だけ持って帰国した。その他の多くの日用品は、家族が来日する予定の他のインドネシア人留学生に譲っていった。特にAで着用していた冬用の衣類は常夏のインドネシアでは不要だった。またPak Pranowoの家族が生活したアパートは、家族が来日予定の別のインドネシア人留学生が引っ越してくることになった。

更にこの頃になると送別会が頻繁に開かれた。留学生の所属する研究室だけではなく、子どもの学校での送別会、妻の勤め先での送別会等、その他の日本人友人達から、家族で招待され、非常に忙しい日々を送った。

そして帰国の途についた。

III 考察

家族を伴っての留学がどういうものなのか、Ａ大学のインドネシア人大学院生のケースについて、留学生単身での来日、家族呼び寄せ、家族との生活、家族との帰国、というプロセスに従って、明らかにしてきた。以下に、①既婚留学生にとっての家族、②留学生家族にとっての留学生活、③留学生教育研究における留学生家族の問題について、検討していく。

1. 既婚留学生にとっての家族

Ａ大学の既婚インドネシア人留学生にとって家族との生活は非常に重要だった。それは彼らの単身時の生活からも明らかだった。Ａでは1991年当初、単身で生活する大学院レベルの既婚インドネシア人が中心となり活発に活動をしていた。特に同じ状況のインドネシア人同士で緊密な連絡を取り合っていた。この時期、これらのインドネシア人留学生達は留学の初期で、比較的時間の余裕があった。また家族と離れて生活する淋しさを紛らわすためでもあった。それでも留学による滞在が長期化すると、家族との生活を望む気持ちは高まった。

その後Ａに家族を呼び寄せ、実際に家族との生活が始まると、それまでの単身での生活とは状況が変わり、家族との生活で忙しくなった。また博士課程に進学すると、研究でも忙しくなった。しかしＡのインドネシア人留学生それぞれが、家事と育児を分担し、協力しながら、家族との生活を続けた。

またインドネシア人留学生はＡで家族と生活する中で、日本人との関係も広げた。単身で生活する場合、大学内での人間関係が中心だった。しかし家族来日に伴い、大学外での日本人との出会いや関わりが増えた。子どもの保育園や学校を通しての日本人児童、その保護者、また日本人教師との出会いがあった。また妻達はパートの仕事を通して、同じ職場の日本人女性の知り合いや友人も増えた。これら日本人との出会いや交流は留学

生の家族にとってAで生活する上で大切なものとなった。

　こうしてAでの滞在期間が過ぎ、留学生の留学生活が博士課程終盤になると、研究や論文作成に多忙となり、なかなか家族との時間を確保することが難しくなった。その状況を理解する家族の中には、配偶者である留学生の負担を減らすべく、協力していくケースが見られた。こうして家族の支援と協力を得ながら、留学生は大変な時期を何とか乗り越え、学位取得に到った。

2. 留学生家族にとっての留学生活

留学をするということは、留学生自身の問題だけでなく、留学生の家族にも大きな変化をもたらす。親が外国に長期間滞在するという中で、家族共々海外に生活するかどうかということは、その家族にとって一つの大きな決断である。しかし母国にポストのあるインドネシア人留学生の場合、留学が終われば、帰国した。すなわち留学が数年間にわたるものであっても、移住ではなかった。留学先での滞在はいずれ終わるものだった。

　A大学の大学院で学ぶインドネシア人留学生の場合、母国での身分が国家公務員であるということも、彼らの留学生活に大きく影響していた。国家公務員としての給料だけでは生活費が足りない。そのため帰国後、何らかの形で副収入もしくはサイドビジネスが必要であることを、留学生家族は認識していた。であるからこそ、留学先で少しでも多くの貯金をすることが重要となったのだった。

　留学生の家族との生活、また留学生家族の行動を理解するためには、留学生のバックグラウンドや、留学生の家族を含めた母国での状況、更に留学後の計画や予定を把握することが必要である。留学の問題は留学中の留学生の行動だけから判断することには限界がある。留学生のライフコースの中で留学生と関わる人々も含めて検討し、明らかにしていく必要がある。

3. 留学生教育研究における留学生家族の問題

上に述べたように、留学の問題は留学生自身の問題に限らない。留学生と関わる人々の問題も劣らず重要である。特に既婚者の場合、家族を母国に残す、家族共々留学先で生活する、いずれにせよ、留学生の人生、生活にとって重要な問題である。

留学生は勉学や研究に専念する必要があり、留学生は家族を呼び寄せず、単身で生活することが当然という捉え方もあろう。しかし留学生の視点は必ずしもそうではない。確かに既婚インドネシア人留学生の中にも単身で留学生活を送る場合もあった。それには様々な事情があった。その一方で学位取得のために留学する場合、家族共々海外にて生活するのが当たり前で、最初は単身であっても、留学先に落ち着いたら、家族を呼び寄せることが当然と捉える既婚インドネシア人留学生もいた。

既婚インドネシア人留学生の単身での生活から、家族来日後の生活の変化を追っていくと、確かに家族との生活で留学生は忙しくなっていたことがわかった。しかし、だからと言って、単身での生活の方が勉学に専念することができ、留学成果が挙がると簡単には言いきれないこともわかってきた。既婚留学生にとって単身で生活することの淋しさ、家族と生活することで得られる安心感についても十分に考慮することが必要である。留学生個人の家族呼び寄せについての捉え方やそれぞれの事情、また留学生が関わるホスト側の捉え方、特に指導教員のように留学生が直接関わる人々の考え方によっても、留学生家族の問題が重要な問題になる場合がある。

こうして見てくると、留学生家族の問題が、留学生の留学生活、留学体験に及ぼす影響についても検討することが重要であることがわかる。この問題は留学生個人だけでなく、留学生と関わる受け入れ国の人々にも影響する。留学生を受け入れるということが、留学生本人だけでなく、留学生家族を含めた形での問題と密接につながるということを、留学生についての研究者を始め、留学生と日常的に接する関係者は認識する必要がある。

IV おわりに

本章では家族を伴った留学の問題について検討してきた。具体的には既婚インドネシア人留学生の単身での来日、家族呼び寄せ、家族来日、家族との生活、そして家族を伴っての帰国、という流れの中で、インドネシア人留学生家族の生活を追うことにより、留学生が家族を伴って留学するということがどのようなものかを、留学生及びその家族の視点から明らかにすることを試みた。

留学生についての研究では、通常留学生自身の勉学や生活の問題が中心になる。確かに留学生自身の問題は非常に重要である。しかし留学には、留学生家族の問題を始め、留学に関わる様々な事柄が関係する。留学生教育研究では、これら様々な事柄やそれらに関連する諸要因の関係性の解明を多角的観点から行っていくことが必要である。

1990年代前半の日本に留学したインドネシア人留学生の世界については本章までである。次章からはIII部として1990年代後半の帰国直後から数年後のインドネシア人元留学生の世界を描いていく。

注

1 インドネシアにおける日本政府及びインドネシア政府奨学金選抜制度及びそのシステムについては5章を参照のこと（有川、1999）。
2 1992年春に来日し、1992年秋以降にA大学で学ぶようになったインドネシア人女子留学生の中には、1993年以降、家族を呼び寄せたケースがあった。夫と子ども全員を呼び寄せた留学生と、子どもだけを呼び寄せた留学生がいた。
3 4月来日の場合、順調に行けば、半年の日本語研修と半年の研究生としての期間を経て、翌年4月には大学院正規課程に入学した。しかし10月来日の場合、半年の日本語研修の後、順調にいっても1年間の研究生の期間を経て、来日後合計1年半後に正規課程に入学することができた。それは当時A大学が毎年4月のみ新規入学を受け入れていたためである。

4　1991年から1992年秋まで研修生として滞在した3名のインドネシア人留学生は単身で生活した。そして妻、もしくは夫を帰国前1か月から2週間程度の期間、Aに呼び寄せ、一緒に観光して帰国した。

5　筆者はPak Pranowoの家族の諸手続きに同行し、通訳をしながらの参与観察となった。後述するPak Zainalの家族の保育所関係でも同行し、通訳しながらの参与観察を行った。

6　後日、子どもの社会性のため、という理由で申請できることになった。しかしPak Pranowoの家族の住むアパートに近いところは定員一杯で、定員に空きが出るのを待つことになった。

7　所得証明書については、留学生の奨学金は収入と見なされないため、奨学金を受けているPak Pranowoの家族を含め留学生家族は低所得世帯と見なされた。

8　Pak Pranowoと笹本先生の関係の問題については6章で扱った。

9　インドネシア人留学生の家族とはインドネシア語で話したため、本章の引用個所は筆者が日本語に訳したものである。

10　この後、Pak Abdulahの家族は別の市にあるA大学国際交流会館に入居が決まり、引っ越した。これに伴い長女Alphaは小学校を転校したが、C市の小学校では外国人児童に対する配慮は何もないことをPak Abdulahは友人たちに話した。

11　来日から1年半後の1994年春、次男Mahendraが小学1年に入学した年に、Pak Pranowo夫妻は三男Edoを近くの私立保育園に入れた。その時点ではB市の児童福祉課を通さなかったため、保育料に援助がなく、Pak Pranowo夫妻にとってかなりの経済的負担となった。

12　Pak Zainal夫妻はA大学国際交流会館からDeniの保育園への送り迎えの際によく出会う日本人夫妻と話すようになった。そのうちにその日本人の夫の方が第二次世界大戦の際にインドネシアに行っていたことがわかった。Pak Zainal夫妻がインドネシア出身であること、そしてアパートを探していることを知ったこの日本人夫妻は、アパート探しを手伝うようになった。そしてこの夫妻のおかげで、Pak Zainalの家族は国際交流会館からそれほど遠くない所にあるアパートを見つけることができた。

13　小学校卒業時に行われる試験の成績をもとに中学入学の合否が判断された。少しでも良い中学校に入るためには、小学校の成績を上げる必要があった。そのために子どもを塾に通わせたり、家庭教師をつける親もいた。

III 部

帰国直後から数年後の
インドネシア人元留学生の見た世界

1990 年代後半

10 インドネシア人の留学の歴史と在日インドネシア留学生協会の活動

本章では留学前から留学後につながるインドネシア人の留学についての理解を深めるために、インドネシア人の留学の歴史を概観し、在日インドネシア留学生協会の活動について紹介する。

I インドネシア人の留学の歴史

1. インドネシア人の留学

近代以降のインドネシア人の海外留学は宗教やその時代の国際関係と密接に関わっている。宗教に関連した留学として、19世紀から20世紀初頭インドネシアのイスラーム式学校を経た後、巡礼を兼ねて中東のメッカやカイロに私費で出かけたムスリム達による留学がある（Idris, 1982, pp. 28-30）。これらイスラーム文化圏、特にカイロのアル・アズハル大学を中心にイスラーム学を学んだ留学生の中から、インドネシア民族主義運動、そして戦後のインドネシアで指導的役割を果たす人々が生まれた（後藤、1986、p. 480; 西村、1991、p. 80）。

また国際関係に関連した留学として、20世紀に入り始まったインドネシア人のオランダ留学がある。当時オランダの植民地であったインドネシアでオランダ式初等中等教育を終えたごく一部の上層階級の若者が宗主国オランダへ奨学金を得て留学するようになったのだった[1]（西村、1988、p. 77）。こうしてオランダに留学したインドネシア人留学生達は1908年に親睦団体「東インド協会（Indische Vereeniging）」を創った。その後、第一

次世界大戦にこの団体の名称をインドネシア語による「インドネシア協会（Perhimpunan Indonesia）」と変え、民族主義運動高揚のもとでインドネシア独立を求める活動を行っていった（Idris, 1982, pp. 31-32; 永積、1980、pp. 234-247; 西村、1988、p. 77）。これらの留学経験者の中からインドネシア民族主義運動、並びに独立後指導的役割を果たしたエリートが生まれたと言われている（後藤、1986、p. 480; 永積、1980、pp. 248-261）。

第二次世界大戦後、インドネシア人の留学先として米国が加わった。米国留学を終えたエリート達[2]は独立国家インドネシアの国家建設並びに開発に大きな役割を担った。

2. インドネシア人の日本留学

インドネシア人の日本留学もその当時の日本とインドネシアの関係を反映している。日本に留学した最初のインドネシア人は1933年のスマトラ島からの2人で、その後太平洋戦争勃発までの約10年間に十数名が来日した（後藤、1986、p. 485, 505）。1933年後半には約十名のインドネシア人で「在日インドネシア留学生会[3]（Sarekat Indonesia）」が創設された。彼らはオランダのインドネシア協会を意識していたものの、在日オランダ政府当局との関係が緊張し過ぎないように直接的な政治活動は控えていた（後藤、1986、pp. 488-490）。この頃のインドネシア人の日本留学は、当時「アジア主義」を打ち出し、インドネシアに経済進出するようになった日本に親しみを感じる「中間層」出身の私費留学が中心で、家族からの仕送りと日本でのアルバイトで生活していた（後藤、1986、p. 487）。

その後日本は東南アジア各地を侵略し、太平洋戦争中インドネシアを約3年半（1942-1945年）占領した。「大東亜共栄圏」を目指した当時の日本は文教政策の一環として1943年に「南方特別留学生」制度[4]を始めた。これにより1943、1944年に現在のインドネシアからの81名を含め、マレーシア、ビルマ、フィリピン、タイから約200名が来日した。しかし終戦とともにこの制度は終わった。

第二次世界大戦後、インドネシアは独立を認めない旧宗主国オランダに対する独立戦争を経て1950年にインドネシア共和国を発足させた。その後再び日本に留学生が送られるようになった。独立戦争の功労者が1955年から約80名留学生として日本に派遣された（小宮山、1979、p. 273）。また1958年の日本とインドネシアとの間の賠償協定に基づき、1960年から1965年までの間に384名のインドネシア人が日本各地の高等教育機関で学んだ。彼らは「賠償留学生」と呼ばれた（西村、1991、p. 86）。

インドネシア人の留学はこれまで宗教そしてその時代の国際関係を反映してきた。インドネシア人留学生の歴史を追うことにより、それぞれの時代にインドネシアが留学生受け入れ国とどのような関係にあったかが明らかになる。

II　1990年代当時のインドネシア人国家公務員の留学

1. 当時の政府派遣留学プログラム

その後、留学生として来日するインドネシア人の急激な増加は1980年代後半に起こった。これらの留学生数の増加は日本とインドネシアの科学技術面での密接な関係を反映している。1981年に日本とインドネシア間で「科学技術協定」[5]が締結され、学技術面での協力と交流促進の一環として人材育成にも協力することになった（所澤、1989）。この時期来日したインドネシア政府派遣留学生はインドネシア政府が世界銀行や日本の海外経済協力基金（OECF）からの借款を受けて始めた留学プログラム[6]により来日している。

1985年に28名の留学生の来日で始まり、翌年には110名が来日、その後増加し、ピークの1992年には日本各地の大学におけるインドネシア政府派遣留学生在籍者数が610名に達した。しかしこれらの留学プログラムの財源が1990年代半ばにかけて底をつく中で、来日するインドネシア政

府派遣の留学生総数は減少し、1997年には209名[7]の在籍者数となった。

2. 二つの留学生グループ

1980年代以降インドネシア政府留学生[8]として来日した国家公務員は大きく二つのグループに分けることができた（Arikawa, 1993）。一つはインドネシアの大学にて学部卒業後に政府関係機関に就職し、数年勤務する間に受けた政府奨学金選抜試験に合格して留学した「大学院グループ」である。彼らの平均年齢は20代後半から30代だった。

　もう一つのグループは高校卒業生対象の政府奨学金選抜試験にパスして学部から留学した「学部グループ」で、彼らの来日時の年齢は18、19歳だった。この「学部グループ」の中で学部時代に優秀な成績を修めた若者はインドネシア政府派遣留学生担当の部署並びに直属の上司の許可を得られれば、大学院進学が認められた。学部から大学院博士課程まで順調に進んだ場合、来日後学部入学前の日本語及び基礎科目の研修1年、学部4年、大学院5年の合計10年間を日本で過ごすことになった。

　1986年にインドネシア政府の奨学金を得て日本へ派遣された110名中、74名が学部からの留学だった。このうち大学院博士課程まで進んだ若者が15名いた。1996年春にその中の10名が帰国した。これら学部グループの若者は高校卒業後の選抜試験を経て、インドネシアで政府派遣留学生として選ばれた時点で国家公務員となった。しかし実際の仕事の経験なく留学していた。そして10年間の日本での留学生活後、母国で初めて仕事をすることになった。

　日本におけるインドネシア人留学生について考える場合、大学院レベルからの留学と学部レベルからの留学では、留学前のバックグラウンド、留学期間など大きく異なることがわかった。次に、帰国後の元留学生の活動との関係から重要と考えられる「在日インドネシア留学生協会」活動について紹介する。

III　日本におけるインドネシア留学生協会の活動

日本で学ぶインドネシア人留学生の組織として「在日インドネシア留学生協会（Persatuan Pelajar Indonesia, Jepang）」がある。この留学生協会は前述の 1933 年設立の留学生会とは別に、インドネシア共和国発足後、東京にて 1953 年に創立されたもので、そのモットーは「あなたのための、私のインドネシア（Untukmu, Indonesiaku）」である。この留学生協会の規約（Persatuan Pelajar Indonesia di Jepang, 1995b）によると、この留学生協会の目的の第一として友好的で家族的な関係に基づいた会員間の協調を支援すること、第二に会員が、インドネシアの人々が公正で豊かになることが実現するよう責任を持つ専門家となっていくことを支援すること、第三に国際社会の人々と協調すること、となっている（p. 6）。

日本の大学、研究所、専門学校で 1 年以上滞在して勉強するインドネシア人であれば、この留学生協会の会員となった。すなわち、1991 年 5 月 1 日時点での日本のインドネシア人留学生数は 1,032 名（文部省学術国際局留学生課、1992）、1996 年の時点で 1,052 名（文部省学術国際局留学生課、1997）、2003 年の時点で 1,479 名（文部科学省、2003）は留学生協会の会員の資格を持っていたと言える。

この他、1 年未満の日本滞在者や日本で生活するインドネシア人でこの協会を支援する人は特別会員になることができた。

この留学生協会は三つのレベルから成り立つ組織だった。留学生協会全国組織として留学生協会会長が率いる執行本部のもと、八つの地区支部に分けられていた。そして、各地区のもとに更に都道府県ごとの支部があった。例えば留学生協会 A 支部は留学生協会の 1 地区の支部の一つだった。留学生協会の規約では、各支部は少なくとも会長、書記、そして会計を置くことになっていた。

1990 年代、このインドネシア留学生協会は 2 年に一度の全国会議と、学術セミナーを開催していた。全国会議では各地域からの代表が出席し、

執行部による過去 2 年間の活動報告が行われ、次期の留学生協会の全国代表の選挙が行われた。

　この留学生協会の学術セミナーにおいて、インドネシア人留学生はインドネシア語で自分の研究について発表を行うことができた。セミナーでは大会の開会等挨拶、基調講演の後、留学生の発表が行われた。発表は留学生の専門分野ごとに分かれて分科会の形で行われた。このセミナーにおける発表者数は増加し、1995 年には 77 名（Persatuan Pelajar Indonesia di Jepang, 1995c）、2003 年のセミナーにおいては 165 名が発表した（Indonesian Student Association in Japan & Osaka University, 2003）。またこの留学生協会は独自の専門学術誌 *INOVASI* を発行していた[9]。インドネシア人留学生は日本留学中に、留学生協会のこれらの機会を使って、自分の研究についてインドネシア語で発表することができた。

　インドネシア留学生協会はこれまで述べてきた研究上の活動の他に、会員間の親睦を深める活動も行っていた。8 章でも紹介したが、例えば留学生協会 A 支部においては、新規留学生の歓迎会、帰国留学生の送別会、シンポジウム、セミナー、その他、レクリエーションも行われていた。留学生はもとより家族や友人の参加もあるオープンな会合だった。これらの活動は通常インドネシア式にて行われた。会ではインドネシア語を使い、会の次第はインドネシアと同様に行われた。そしてイスラームへの配慮が常にあり、礼拝の場所や時間は確保された。食事を自分たちで準備する場合はインドネシア料理で、ハラールミートを使った。また飲み物はソフトドリンクやジュースだけで、アルコール飲料が出ることはなかった。

　この他、インドネシア留学生協会は日本人向けにインドネシアを紹介するイベントを企画することもあった。そこではインドネシア人留学生が企画立案はもとより、インドネシアの歌や踊りを披露し、またインドネシア料理を提供することなどを通して、日本人を対象としたインドネシアへの理解を深める活動も行っていた。

Ⅳ おわりに

本章では留学前から留学後につながるインドネシア人留学生の生きる世界とその背景を理解するために、インドネシア人の留学の歴史、日本へのインドネシア人の留学の歴史について、20世紀までの状況について概観した。そして本書に登場するインドネシア人留学生が日本に留学していた1990年代の「在日インドネシア留学生協会」の具体的な活動について紹介した。次章では留学生協会の活動が帰国後の官庁でのキャリアとどのように関係していたか、1990年代後半の元留学生についての追跡調査を通して調べていく。

注

1 オランダはこの頃打ち出した「倫理政策」のもとで「原住民下層書記官層の創出」を重要視するようになるに伴い、インドネシア人の教育にも関心を持つようになった（土屋、1994、p. 92）。

2 中でもインドネシア大学経済学部からカリフォルニア大学バークレー校で博士号を取得し、帰国した後、経済関係の閣僚となり、インドネシア経済を動かしたテクノクラート達は「バークレーマフィア」と呼ばれた（西村、1991、p. 83）。

3 後藤（1986）は当時のインドネシア留学生協会の活動を通して、その時代の日本とインドネシアの関係について明らかにしている。

4 後藤（1989）はインドネシアでのこの南方特別留学生選抜の様子、並びにこれらの留学生の日本での生活について明らかにしている。

5 この協定締結に伴い、1984年には「日本インドネシア科学技術フォーラム」が設立された。この事務局は科学技術関係の援助に関わるとともに、インドネシア政府派遣留学生に関する様々な手続き並びに彼らの日本留学中の世話をしていた。

6 特に海外経済協力基金からの借款によるプログラムでは日本が最大の派遣先となった（所澤、1989、p. 3）。この時期のインドネシア政府奨学金制度については5章で説明している。

7 これらの数値は日本インドネシア科学技術フォーラムが毎年出している統計資料による。日本のインドネシア人留学生総数は1996年5月の時点で1,052名である。この

中で日本政府の奨学金を得ている国費留学生は 486 名である（文部省学術国際局留学生課、1997）

8 　本章でのインドネシア政府派遣留学生は科学技術分野での留学生に絞っている。

9 　1991 年のセミナーでの 19 本の発表論文集（Persatuan Pelajar Indonesia, 1991）はすべてインドネシア語で作成されているが、1995 年の Proceedings では多数のインドネシア語の論文と数本の英語の論文が載っている（Persatuan Pelajar Indonesia di Jepang, 1995c）。また 2003 年のセミナーにおいては Proceedings 掲載の全ての論文が英語である（Indonesian Student Association in Japan & Osaka University, 2003）。これらの Proceedings は ISSN 番号を持っていた。この 2003 年のセミナーでは研究発表の使用言語がインドネシア語、英語もしくは日本語とされ、インドネシア人留学生以外の発表、例えば日本人学生の発表も行われた。ISSN 番号を持つこれらの Proceedings 並びに学術雑誌 *INOVASI* に掲載された論文と、そうでない論文とでは、研究活動の実績として獲得できる点数に差があった。

11 留学中から帰国後につながる活動
官庁職員のキャリアから

本章では留学前と留学中からつながる帰国後の官庁職員のキャリアについて、留学中の「在日インドネシア留学生協会」への関わり方との関係を通して検討する。

I 留学中の在日インドネシア留学生協会の活動への関わり方

インドネシア人留学生の在日インドネシア留学生協会への関わり方には違いが見られた。1990年代後半のインドネシアにおける官庁職員についての追跡調査を通して、①積極派大学院グループ、②積極派学部グループ、③消極派学部グループに分けて調べていく。

1. 積極派大学院グループ
大学院レベルで日本に留学したインドネシア人達は10章で紹介した「在日インドネシア留学生協会」の活動に積極的だった。既に母国の所属先で仕事をした経験をもとに、留学生協会においては積極的に活動を行った。これらの留学生にとって、留学生協会の活動は将来のために役立つものだった。すなわち留学を終えて帰国後、官庁での仕事に備えて練習をする場だった。日本という留学先においても、他のインドネシア人留学生と協力しながら活動していくことにより、母国インドネシアという文脈を維持し、活用することができた。

またこれら大学院生にとって、留学生協会の活動は昇進のために必要な点数獲得に結びつく活動でもあった。公式の組織としての留学生協会の役員としての活動、セミナーや専門誌への投稿等は母国の官庁での昇格システムにおいても対象となる活動として位置づけられていた。

留学生協会 A 支部長を 1 期務めた Pak Zainal は会員間で専門分野について発表するセミナーについて以下のように話した。

> 専攻分野に関する活動が留学生協会の主な柱の一つだと思う。他のメンバーが何を研究しているかについての情報交換。将来、何かプロジェクトがあった時に、誰がその分野かわかっていれば、一緒にやろう、と声をかけられる。会員みんなが親しくなれるような活動をしたい。

これら大学院レベルのインドネシア人留学生の他に、学部レベルから留学したインドネシア人の中にも積極的に留学生協会の活動をするインドネシア人がいた。

2. 積極派学部グループ

これらの学部からの留学生は母国で高校卒業後、留学してきたため、仕事の経験はなかった。しかしインドネシア政府派遣の留学であれば、留学後は国家公務員として所属官庁で仕事をすることになっていた。そのため、学部からの留学生の中には、この留学生協会の活動を、他のインドネシア人と一緒に仕事をする練習の機会、そして将来の職場についての情報や知識を得る場として位置づけ、留学生協会の活動に積極的に関わっていた。

その 1 人、Dani に、1999 年、日本留学から帰国後のインドネシアの官庁にて話を聞いた。彼は 1988 年から 1999 年まで合計 11 年間日本に滞在していた。彼は 1993 年大学院進学に伴い、別の地区の大学に移った。留学生協会での活動について彼は以下のように語った。

高校卒業以降の［インドネシア］社会についての経験が自分にはない。インドネシアは日本と違う。日本は既に確立された社会で自分は歯車の一員となる。しかし、帰国したら違う。自分で創り出さないといけない。だから、留学生協会を通してインドネシアについて学ぶことが重要だった。学部を卒業した時から、インドネシアに帰国するための準備を始めた。

Dani は大学院生となり別の地区に移った後、留学生協会に積極的に関わるようになった。進学先大学の留学生協会の会長となった他、留学生協会の全国レベルの執行本部の書記も務めた。

3. 消極派学部グループ

その一方で学部から留学したインドネシア人の中には留学生協会の活動に消極的な留学生もいた。その中の1人、Albertus は 1986 年から 1996 年まで 10 年間、1 年間の予備教育後、A 大学と大学院にて留学生活を送った。彼は留学中、ほとんど留学生協会の活動に参加しなかった。

> 大学院生はインドネシアの経験が長い。自分は［インドネシアでは］高卒。［高校卒業後］すぐ日本に来たから、［インドネシアで］経験していない。だから話が合わない。

Albertus は、インドネシア人大学院生が日本にいても変化せず、インドネシア人同士でしか付き合わない、と距離を感じていた。また、A 大学にインドネシア人留学生として一番長期間滞在していたにもかかわらず、Albertus は年齢的に年下であることから、他の年上のインドネシア人留学生から子どもだと見られていると感じていた。

Albertus は他のインドネシア人留学生と関わることは少なく、少数の仲の良い友人との関係と研究生活を中心に留学生活を送った。

このようにインドネシア人留学生の間で、日本留学中の留学生協会への関わり方に違いが見られた。大学院生が積極的に留学生協会の活動に関わる一方で、仕事の経験のない学部生の間で積極的に関わるグループとそうでないグループに分かれた。1990年代後半、学部から大学院博士課程まで全て日本に留学した6名の元留学生の場合、留学生協会の活動への積極派が4名、消極派が2名に分けられた。

II　帰国後の職場での活動

これらのインドネシア人留学生が帰国後所属官庁でどのような体験をしていったか、帰国当初から数年後の時点について調べてみると、積極派と消極派の間で違いが見られた。

1. 積極派大学院グループ

留学中に留学生協会で積極的に関わっていた大学院から留学したインドネシア人達は、帰国後、比較的スムーズに職場復帰していた。彼らはどのように行動し、仕事を進めれば、同僚に受け入れられてスムーズに仕事ができるかについての知識が既にあった。それは留学前の職場での経験とともに留学中の留学生協会の活動、そして留学を通して得た自信を通して、帰国後の職場において、自分から同僚と積極的に関わり、主体的に動いて、仕事を行っていた。

　Pak Zulkifri は帰国後すぐから職場で積極的に同僚の仕事に協力するとともに意見やアドバイスを与え、帰国後数か月後の時点で既に同僚と良好な関係を築いていた。

　　待っていても、黙っていても、何も得られない。積極的にならなければならない。毎日じっとしていれば、死ぬまで同じ。…同僚の手伝い

をしなければならない。上［のポスト］に行きたければ、［自分から同僚の中に］入っていかねばならない。私は［自分から］アドバイスして中に入った。…［帰国後最初の］1年間は同僚［の仕事］を手伝うこと、研究の成果について論文を書いて発表すること。

Pak Zulkifri は職場で黙っていても何も進まないことをよく知っていた。とにかく自分から積極的に働きかけていくことが必要であり、それが同僚に認められ、仕事にもつながっていくことを認識していた。一方 Pak Zulkifri によれば、彼のような積極性に欠けていたのが学部から留学し、博士号まで取得して帰国したばかりの若手職員だった。

学部から日本へ留学した若いのは［職場で］適応できていない。自分が一番頭がいいと思っている。［適応するのに］時間がかかるだろう。仕事をしたことがない。自分が頭がいいと思っていたって駄目。…黙っていたって、ただ本を読んでいたって、何もできない。

この職場では職員自身の自発性、積極性、強調性が求められていた。それを良く知る Pak Zulkifri は同僚の研究やプロジェクトについて積極的に意見を述べて中に入っていき、その結果既に同僚の信望を得るとともに、実質的に関わっていた。彼は留学前に仕事をしていたことから、職場で取るべき行動様式をよく理解し、その知識を活用して行動し、スムーズに職場復帰していた。

2. 積極派学部グループ

そして学部から留学したインドネシア人の中で留学生協会の活動積極派も、留学生協会での活動を通して学んだことを活かし、帰国後インドネシアでの職場でスムーズに入っていった。インドネシアの職場でどのように仕事を進め、どのように人間関係を築いていけば良いのかについて、留学

生協会の活動を通して、既に学んでいた。すなわち主体性、同僚との協調、積極性が重要であることを既に学んでおり、留学生協会の経験を活かして新たな職場で仕事を始めていた。

　Dani は留学生協会の活動を通して、友人を得るとともに、意見交換やリーダーシップについても学んだことが役立っていると語った。また、彼は留学生協会の活動を通して同じ専門分野の友人を得ていた。帰国後、友人達と専門分野の学会設立を目指して一緒に努力していた。このように留学生協会を通して築いた人脈が帰国後の仕事と密接に関係していた。

3. 消極派学部グループ

その一方で、留学生協会に消極的に関わっていたインドネシア人留学生の中には、帰国後の職場において孤立するケースがあった。留学中の 10 年間のブランクは大きい上、職場ではゼロからの出発だったからである。それでも帰国後数か月を経ると、日々の職場での体験を通してこの官庁で仕事がどのように行われるかについて学んできていた。コンピューターを使って研究を行う Edi は同じ職場の同僚、そして大学教員と 3 人で次年度の共同研究[1]の申請を済ませた所だった。一方実験中心の研究生活を行ってきていた Albertus と Widowati は職場で孤立していた。

> **Albertus**
> ［研究は］絶望、ほとんど駄目。研究のチャンスない。動けない。…ダラント（研究助成）にアプライ（申請）できるけれど、もらうチャンスはない。…コンピューター、シミュレーションだとできるけれど実験はできない。研究存在しない。…仕事してもしなくても一緒。給料同じ。コネクションないと入れてくれない。
> （大学院だけ留学した人について）
> 大学院だけ留学した人も絶望感ある。3 年、5 年いなくても変化ない。でも仕事したことあるので適応できる。どうやって生き残るか。

Widowati

インドネシアの状況把握しようとしている。まだわからない。1 年位かかるかも、わからないままかもしれない。仕事やっていない。友達と話す。経験ある人から意見聞いている。…プロジェクトある。自分の専門分野近いのがわかっていても入れてくれない。…35 歳以上の人は研究忘れて大きなプロジェクトもってお金もうけること［に熱心だ］。…僕ら若いのは研究したい。

　Albertus と Widowati は母国の新たな職場では日本のように研究できないと判断するようになっていた。彼らの理解する研究とは日本で大学院生時代に行っていたように純粋に実験を行うことだった。しかし母国の職場における他の職員の仕事ぶりや研究への取り組み方は彼らの理解する研究とは異なっていた。また彼らは同僚と仕事上の良い人間関係はまだ築けておらず、次年度の研究を行うために必要な研究費の申請すらしていなかった。

　また、元留学生の母国での体験は職場の環境とも関係していた。Albertus は実験系の専門分野であったが、帰国当初の配属先は実験を行える部署ではなかった。一方で、例えば Edi のようにコンピューター関係が専門分野で、職場でコンピューターを使える環境がある場合、状況は異なった。日本留学中、留学生協会での活動では消極的であったものの、帰国後の職場で少しずつ研究を始めた Edi は、彼自身と同僚と大学教員の 3 名による共同研究に関わるようになっていた。

　こうして見てくると、インドネシア人の留学中の留学生協会への関わり方と帰国後の職場での体験を単純に結びつけることはできない。留学生協会への関わり方も関係していたと言えるものの、その他の要因、例えば留学生が帰国後配属された部署や同僚との人間関係等も関係していた。

III　考察　留学生にとっての留学生協会の意味と役割

　インドネシア人留学生にとっての留学生協会の意味は留学生の捉え方により異なっていた。大学院レベルから留学したインドネシア人は母国での仕事の経験をもとに、将来へ直結する留学生協会の活動に意義を見出し、積極的に活動していた。

　学部レベルから留学したインドネシア人では積極派と消極派に分かれた。両者ともに仕事の経験が無いという点では同じであるにもかかわらず、留学生協会への関わり方に違いが見られた。その理由の一つとして考えられるのは、その留学生が留学生協会の活動を自分の将来につながるものと捉えるか、そうでなかったかにある。

　学部から留学したインドネシア人の中での積極派は母国での社会経験、仕事の経験の無さを自覚し、留学生協会を将来につなぎ、準備する貴重な場として捉え、最大限に活用していた。実際に留学生協会の活動を通してインドネシア人同士で仕事をする経験を積むとともに、仕事の経験のある先輩の留学生から仕事についての情報やアドバイスを得ていた。また留学生協会の活動を通して友人や人間関係が生まれ、将来の仕事への意欲や準備にも直結していた。それが帰国後の職場においてスムーズなスタートにつながっていた。

　一方で消極派の場合、留学生協会を留学中だけの活動と捉え、将来に直結したものとして捉えていなかった。日本留学中は日本で生活することとして捉えると、留学先日本において母国と同じ文脈を創るインドネシア留学生協会や、母国と変わらないインドネシア人留学生の行動の意味や価値を見出せないことがあった。学部から大学院まで長期 10 年間日本で生活しつつ、留学生協会との積極的な関わりを持たずに過ごした場合、インドネシアの状況、職場の状況、人間関係、仕事の進め方についての理解が不十分なまま帰国し、インドネシアで初めて仕事をすることになった。

　特に学部からストレートで大学院まで進学して研究を続け、仕事イコー

ル研究として日本での研究スタイルだけに価値を見出した場合、そうでない職場に配属され、思うように研究ができない場合、母国が日本と異なることに批判的になり、インドネシアの状況や職場や同僚の置かれた状況を積極的に理解しようとするよりは、むしろ自分から距離を置き、孤立していくことがあった。

　留学生協会の役割の一つとして、留学生の母国と同じか、もしくは近い文脈を留学中に創れることがある。特に将来が母国にある留学生にとって、留学中も母国と同様のコンテクストで同国人と関わることが大切であり、母国と関わる活動として留学生協会の活動は重要だった。しかしそれは将来が母国にあり、留学生協会の活動が将来に役立つものとして捉える留学生にとってのことで、そうでない留学生にとっては、留学生協会の役割や意味も異なった。

　また留学生の置かれた状況の変化により、留学生協会への関わり方も変化していった。例えば、来日当初、母国を離れての淋しさを紛らわすためもあって、留学生協会に積極的に関わっていても、滞在期間が過ぎ、留学生活後半になり、研究生活を最優先しなければならない状況になると、その留学生の留学生協会の活動への取り組み方が異なっていくことがあった。逆に来日当初は日本への関心が強く、留学生協会の活動に積極的に関わらなかったものの、滞在期間が過ぎ、帰国や将来のキャリアを意識するようになると、積極的に関わるようになっていった留学生もいた。

　また、留学生のバックグラウンドが留学生協会の活動に関係していた。筆者が日本でフィールドワークを行った1990年代前半、官庁所属の国家公務員がインドネシア政府奨学金を得て多数日本に留学していた時期でもあった。これら国家公務員が多数を占める留学生協会の活動と、そうでないインドネシア人が多数を占める留学生協会の活動とではその活動内容や留学生の留学生協会への関わり方も異なってくる可能性が高い。

　留学生協会について留学生の観点から調べる場合、留学生の背景と留学生が置かれた状況や文脈、そして留学生間に見られる差異とその要因につ

いても検討する必要がある。そしてその検討は長期的に行う必要がある。

IV　その後の変化

インドネシア政府奨学金の学部留学生制度について1990年代後半のインドネシアにおける追跡研究を通して明らかになったことがある。学部から10年間の留学を終えた帰国者をこの官庁に受け入れ始めた1996年には、これらの帰国者の問題が指摘されるようになっていた。

そして学部レベルからの留学生派遣は1997年までで終わり、その後は修士課程を中心とした大学院レベルの留学となった。またこの年までにすでに学部から留学し、学部修了後、大学院に進学希望があっても、一旦帰国して2年間仕事をしてから、再び留学するように指導されるようになった。

一方、帰国者の専門分野の能力を活かす目的から、一旦配属先が決まっていたとしても、帰国後の本人の希望により配置転換が可能になった。また、この官庁での仕事をしながら、自分の専門を生かして、大学や企業等、他の機関で仕事をすることについても、相談できるようになった。

V　おわりに

本章では、留学生にとっての留学生協会の意味と役割について、インドネシア留学生協会の活動と、それへの留学生の関わり方を、帰国後のキャリアとの関連も含めて検討してきた。大学院レベルで留学したインドネシア人は留学生協会の活動に概して積極的だったが、学部から留学したインドネシア人は留学生活動について積極派と消極派に分かれた。このことは、留学前の仕事の経験の有無だけで留学生協会への関わり方が説明できないことを物語っている。むしろインドネシア人留学生自身による留学の位置

づけ、そしてインドネシア留学生協会の捉え方による違いが影響していたと言える。

　留学生協会の活動への積極派が留学生協会に対して大きな意義を見出して活動していたのは、将来が母国にあることと、留学生協会をその将来に直結するものとして捉えていたことと関係している。また留学生協会の活動への消極派を通して見えてきたのは、留学生協会に対する留学生の捉え方、関わり方の重要性である。

　次章では大学教員のキャリアにおける留学との関係について、特に博士号の学位との関係から検討する。

注

1　研究助成によっては学際的共同研究として所属や専門分野の異なる複数の研究者による研究であることを条件とするものがあった。そのような場合、国家公務員は同僚だけでなく民間企業や大学に勤める研究者と一緒に研究を企画し、申請しなければならなかった。

12 留学＝学位（博士号）
大学教員のキャリアから

　本章では1990年代後半のインドネシアでの追跡研究の中から、インドネシア人大学教員にとっての「博士号」に焦点を当て、日本留学について留学の前後を含めた人生の中で検討する。

　本章が焦点を当てる学位の問題は、日本の留学生が抱える問題の一つとして指摘されてきた（馬越、1991; 江淵 b、1997; 喜多村、1987）。馬越（1991）は特に文科（人文・社会科学）系博士の学位が取りにくい問題について取り上げるとともに、大学院留学生にとって博士号取得が日本留学における最大の目的であり、特に母国での研究職のキャリアに不可欠であることを指摘している（p. 29）。しかし留学生にとって学位取得が何故不可欠であるかについて留学生の母国の文化、社会、学位に関係するシステムなどから具体的に調べたものはない。

　本章では何故留学生にとって学位が不可欠か、母国の文化社会的状況についての研究を通して解明することを目的とし、インドネシア人大学教員が日本留学を通して博士号を取得することの意義について長期的観点から検討する。

I　インドネシアの高等教育と大学教員の留学

1. 留学生を生み出すインドネシア国内の状況
　インドネシア人の留学に関連する問題として、10章で概観したインドネシア人の留学の歴史とともに、留学生を生み出すインドネシア国内の高等

教育の状況も把握する必要がある。インドネシアの本格的な高等教育の整備発展は独立後始まった[1]。スカルノ大統領はインドネシア各州に最低一国立大学創設を提唱したが、その後政権を取ったスハルト大統領は量よりも質を重視する政策に転換した（西村、1988、p. 76）。

　1950年にはインドネシアには二つの高等教育機関に1万人の学生が在籍しているだけであったが、その後、1970年代には大学の整備が進み、1985年には100万人の学生数を突破した（西村、1991、p. 82）。また学部教育の改革に伴い、1980年代に全国統一の国立大学入学試験が行われるようになった。1991年には約120万人の高校卒業生中、50万人の学生がこの試験を受け、8万人が国立大学に合格した[2]（Johnson, Gaylord, & Chamberland, 1993, pp. 30-32）。

その後1990年初頭には国立私立合わせて970の機関に約250万人の大学生が在籍するようになった（Johnson, Gaylord, & Chamberland, 1993, p. 25）。1993-1994年の学年暦において、51の国立高等機関に約52万の学生、1,122の私立高等機関に約128万の学生が在籍するようになったというデータもある（Tilaar, 1995, p. 238）。

2. 大学教員の留学

インドネシアでは国家開発に必要な人材育成のために高等教育が必要とされ、その教育を行う大学教員の確保と質の向上が問題となった。1950年代以降、有能な学生を学部卒業後、教員として任命し、海外の大学院に留学させることが主流となった（アルトバック・セルバラトナム編、1993、p. 209, 223）。留学先として1970年代半ば以降、アメリカが急増し、1990年代に留学先の1位となった。2位はドイツ、そしてオーストラリア、オランダと続き、日本は10位となった（西村、1991、p. 82）。

　インドネシア国内の大学院について、それまでオランダ式に運営されていた大学院の整備改革が始まったのは1970年代だった。1992年には大学院を持つ24国立大学と2私立大学の中で、12大学が大学院レベルの学

位を授与できるようになった（Johnson, Gaylord, & Chamberland, 1993, p. 52）。

しかしインドネシア国内の大学院に進学する者の多くは、これらの大学院課程を持つ大学以外に勤務する大学教員で、インドネシア政府の奨学金を得て進学していた（ティスナ、1987, p. 102）。1990年代初め、博士号保持者は高等教育機関の教員全体の約5%となった（Johnson, Gaylord, & Chamberland, 1993, p. 30）。インドネシアの主要な大学の大学教員で修士号または博士号保持者は約50%であるが、ジャワ島以外の国立大学教員の場合、5%から10%に留まっていた（Tilaar, 1995, p. 245）。

このようにインドネシアにおいては高等教育の整備、そしてその質の向上のため、大学教員の学位取得が必要とされてきた。20世紀後半にインドネシア国内の大学院課程の整備も進められてきたが、インドネシアの主要な大学の教員は奨学金を得て海外の大学院に進学し、博士号取得を目指す状況が続いていた。

次に大学教員のキャリアの中での日本留学について、留学前、留学、留学後の中で検討する。

II　インドネシア人大学教員のキャリアの中での日本留学

1. 留学前：大学教員としてのキャリアを始める

1990年代後半に筆者が調査したT大学の教員の日本留学経験者はT大学の学部出身だった。彼らが博士について知ったきっかけは、学部生の頃、博士の教員の講義を受けたり、論文指導を受けたことだった。しかし博士の持つ本当の意味と価値は、彼ら自身が教員になってから学ぶことになった。

当時のT大学では学科の優秀な学部生が卒業後、その学科の助手として採用された[3]。そして学科の運営や活動について補助的仕事をすることを通して、教員の世界について学んでいった。例えば、授業の補助をした

り、共同研究に助手として参加したり、学科の企画の補助をすることを通して、学科の教員、その学科に博士号保持者がいれば、その博士と直接接する機会も増えた。このようにして新任教員は大学教員の世界について学んでいった。

　このプロセスにおいて、博士に対する尊敬の念や憧れ、また博士であることの意味や価値を学んだ教員にとって、博士号取得を目指すことが、大学教員のキャリアの中で一つの大きな目標となった。

　しかし留学を目指す新任教員にとって留学実現は困難だった。それは普通の若手教員にとって奨学金がなければ自費での留学は不可能だったためである。海外へ留学するための奨学金を探し、応募可能な奨学金を見つけると、書類を揃えて応募していくことから始めなければならなかった。奨学金を得ることが留学への第一の条件だった。

　これら留学を目指す教員は奨学金申請だけでなく、海外の留学先の大学を探し、指導教授を探さなければならなかった。自分で専門分野の研究論文等を通して探す教員もいたが、新任教員が頼りにしたのが、インドネシアで勤務する大学の海外留学経験者だった。特に新任教員の所属する同じ学科に海外留学経験者がいれば、その教員、特に博士号保持者を頼った。これらの博士からの情報やアドバイスは、留学についての具体的な情報に乏しい新任教員にとって貴重だった。またこれらの博士を通して海外の大学の指導教授を紹介してもらうこともあった。これらのプロセスを通して、奨学金が決まり、海外の大学院への留学先[4]が決まって初めて海外留学が実現することになった。留学を思い立ってから留学が実現するまで、1年から長い場合は数年かかることもあった。

2. 日本留学：学位取得を目指す

T大学出身の大学教員にとって、留学は博士号取得を目指すことだった。T大学の大学教員で日本への奨学金を得た場合、留学前の研修を受けた後、日本へ出発した。1990年前後、A大学が留学先となった大学教員は

日本政府かインドネシア政府の奨学金を得ていたことから、来日後半年間は日本語研修を受け、その後、所属する研究科の研究生となり、半年から1年間の研究生生活を送った。その間に大学院入試を受け、合格すれば、当時の修士課程、その後、順調に行けば、博士課程へと進学していった。

しかしA大学のように国立大学[5]の大学院に留学した場合、研究室での生活はインドネシアとは異なる文化での生活であり、インドネシア人大学教員にとって新たな体験となった。彼らが入った研究室では教授をトップに当時の助教授、講師、助手、そして学生の間では博士課程の学生をトップに修士課程の学生、学部4年生という上下関係のある構成員から成り立っていた。所属した研究室の習慣や人間関係のもとでインドネシア人大学教員は留学生としての生活を始めることになった。

インドネシア人教員は留学生として研究室での日常生活の中で、研究についての指導を受けるとともに、研究室の様々な習慣や人間関係について学んでいった。研究室によっては、研究や実験の指導を教員が直接行うところもあれば、研究テーマによってグループを作り、同じグループの先輩の学生が後輩の学生に指導する方法で行われるところもあった。

研究室生活はインドネシア人大学教員にとって非常に重要だった。研究室での生活がうまくいかないと、研究遂行に影響し、博士号取得という目標にも影響するからだ。例えば、研究室内の先輩―後輩の関係にうまく入れない場合、研究についての指導が十分に得られず、研究成果に影響することがあった。そして指導する教員との関係も研究生活に多大な影響を与えた。研究室の責任者である教授との関係を始め、実際に指導を受ける助教授や助手との関係も非常に重要だった。

インドネシア人大学教員の中には、この大事な研究室での生活において、問題を抱えたり、研究成果が挙がらず、博士号取得が通常の課程の3年間に修了できなくなるケースがあった。博士号が取れないかもしれない、ということは大学教員にとって留学生活における危機であり、人生にとっての危機でもあった。

6 章にも登場した Pak Taufik は博士課程 3 年の時点で研究成果が挙がらず、3 年以内の博士課程修了が困難になっていた。この頃、博士号を持つか否かでインドネシアでの将来が大きく異なることについて以下のように語った。

> インドネシアでは、博士になれば、何でもできる。70 歳まで仕事ができるし、教授になるまでの昇進もスムーズで速い。そして大学院の講義が担当できる。博士にならなければ、昇進は遅いし、制限がある。修士号だけでは 55 歳か 60 歳くらいまでしか勤められない。教授にはなれない…。

Pak Taufik は、博士課程の通常の 3 年が過ぎて、奨学金が切れても滞在を延長し、他の奨学金を探し、彼自身のアルバイト、そして妻の Bu Taufik もパートの仕事を続け、何とか生活をしながら、学位取得を目指した。最終的には目標を達成し、帰国した。

留学生活、そして博士号取得までの道のりが困難を極めたとしても、最終的に博士号を取得できれば、インドネシア人大学教員にとって目標を達成したことになった。

3. 留学後：博士としてのキャリア

1990 年代当時 T 大学ではインドネシア国外への海外留学にて博士号を取得した教員が 20 名に達するたびに、これらの博士に対する特別式典が学長主催で行われていた[6]。1996 年のこの式典においても、博士号をとって帰国した教員とその家族が誇らしげに参加した。学長や大学執行部の役員が出席し、祝辞が述べられた。そして博士 1 人 1 人について留学先から論文のタイトルまで紹介された。

これら博士号を取って帰国した教員は、まず復職の手続きと学位の認定を受ける手続きを取らなければならなかった。留学中の休職の身分から復

職の手続きには通常半年から1年の期間を要し、そのプロセス終了まで給料は留学中と同じ金額であった。しかし手続きを終えて完全に復職したとしても、大学教員の給料だけで家族が生活していくには十分な額ではなかった。博士として各種の機会を増やすことは、経済的な面も含めて家族との安定した生活を送るために必要だった[7]。

博士達は新任教員として採用になった後、勤続年数が少ない時点で留学していた。そのため、後述する昇進システムにおいて、帰国後すぐの時点では、一番下のIII/A、もしくはIII/Bにあった。これは留学せずに勤務を続けた同期や同僚と比較すると、低いランクだった。博士となって帰国した教員達は留学中が評価の対象期間とならないことと、留学せずに国内にいた同僚が自分より昇進していることに不満を持っていた[8]。

その一方で、博士達はいずれ同僚に追いつき、やがては追い抜くことも知っていた。Lektor Muda（III/C）に達すれば、2年ごとに1ランク上がるという制限が博士にはなくなり、点数に従って一度に1ランク以上飛び越して上がることができることも知っていた。そのため、まず次のランクに上がるために必要な点数を確認し、手続きを始めた[9]。

博士達は帰国後積極的に活動を始めた。まず有能な博士であることを大学内外で人々に知ってもらうことが大事だった。こうして積極的に活動する中、次第に仕事が回ってくるようになった。例えば大学院担当や共同研究への依頼、各種企画への参加への依頼等、活動の幅が留学前とすると格段に広がり、忙しくなった。そして留学から帰国後1、2年を経ると、経済面も含めて生活は安定していった。

> Pak Jonnyは、今、大変。経済的にはまだ給料が［復職手続きが終っていないため、全額は］出ていないし、まだあまり知り合いがいない。まだ帰国したばかりだからだ。
> 　自分はどうかと言うと、もう大丈夫。もう三つのプロジェクトを持っている。

これは Pak Taufik が日本留学を終えてインドネシアへ帰国後、約 1 年半経過した時点での言葉である。日本留学において博士号が予定の期間で取得できずに苦労した Pak Taufik だったが、留学期間を延ばして何とか博士号を取得して帰国していった。帰国当初は大変ながら、次第に回りの人々に評価され、安定し、経済的にも安定していくプロセスを、実感をこめて語った。

III　インドネシア人大学教員にとっての博士号の重要性

博士号を持っていることが本当に重要！

これは日本留学を終えてインドネシアに帰国後、教員として所属する大学の学科に顔を出すや否や、「Pak Pranowo、一緒にやろう！」と、同僚から共同研究に参加するよう要請があった時の Pak Pranowo の言葉である。共同研究へは博士号取得者が参加したほうがいいこと、そして博士は尊敬されることについても Pak Pranowo は語った。その一方で、Pak Pranowo は博士号が取れずに帰国した別の同僚についても語り、博士号無く帰国したことに対する評価が低いことは勿論、共同研究やプロジェクトへは参加しにくいことなどについても語った。

1990 年代後半に実施した大学教員である元留学生への追跡調査を通して、インドネシア人大学教員にとって「博士（Doktor）」には特別な意味と価値があることがわかった。以下、7 項目にまとめ、説明していく。

1. 博士は尊敬される

博士は尊敬される対象だった。博士は「何でも知っている」、「能力がある」、また「カリスマ性がある」と見られた。博士の発言は常に回りの人が耳を傾けた。博士の称号には「Majesty」、「Sir」のような名誉な響きがあると

された。

　インドネシアの大学ではその人が博士であるかどうかはすぐにわかった。文書には教員の肩書きと、学部、大学院で取得した全ての学位を教員の名前の前後につけた（例：Prof. Ir. Bambang Soemardjo, MSc., Ph. D.）。その教員のオフィス入り口の札、また、学内の掲示や印刷物の教員リストにも常に、教員の肩書きとともに学位一式も明記された。

2. 博士は大学院の担当ができる

博士は学部の講義だけでなく、大学院の講義を担当することができた。そして博士は修士課程の学生の指導教員になることができた。また、博士課程の学生の研究指導ができるのは教授だったが、博士であれば教授でなくとも、教授とともに指導することができた。

3. 博士は研究採択の可能性が高まる

大学教員は研究を行うために、研究費を申請しなければならなかった。それは通常、共同研究のスタイルで行われた。典型的な共同研究の場合、第1研究者、その他の研究者、事務スタッフ等が構成員となった。この中で第1研究者になることができるのは博士だった。博士号保持者は独自に研究する能力があるとされたが、修士号だけでは独自に研究はまだできないと見なされた。修士号を持つ教員が共同研究に申請する場合、博士号を持つ教員を探し、共同研究の第1研究者になることを依頼することで、研究の信頼性、ひいては研究が採択される可能性を高めた。博士自身も各種の研究に第1研究者として積極的に申請したり、他の博士を誘って共同研究の申請を行った。

4. 博士は社会貢献への関与が増える

インドネシアの大学には教育、研究、そして社会貢献の三つの責任（Tridharma）がある（Peraturan, 1990）。このうち社会貢献に関する活動と

して、大学教員は学外で講演や研修を行ったり、企画に関わることがあった。これらにおいても博士へのニーズは高かった。

5. 博士は昇進に有利である

大学教員には点数制による昇格についてのシステムがあった。表6に当時の国立大学教員の職位とそれに必要な累積点数を示した。前述の教育、研究、社会貢献の三つの分野別に具体的な活動について点数が細かく決められており、2年ごとに次のランクに昇進するために必要な総点数が、分野間での割合とともに決められていた（Departmen Pendidikan dan Kebudayaan, Direktorat Jenderal Pendidikan Tinggi, 1988）。必要点数を獲得すると関係書類を提出し、審査を受けた上で、昇格するシステムだった[10]。

　このシステムは博士に有利だった。9ランクの中で下から三つ目のランク（Lektor Muda, III/C）に上がると、博士であれば、「2年ごとに一つ上のランクに昇格する」という通常の制限がなくなり、必要総ポイント数が獲得できれば、2年を待たずに一つ以上のランクに上がることができた。また教授は博士号取得を目指す大学院生の指導ができることが必要とされ、その資格があるのは博士だった。教授に昇格する資格（博士号）を持ち、教授になるために必要な点数を集めれば、審査を経て、教授になっていくシステムだった。

6. 博士はプロジェクトに関与する

博士は上記の活動の他にも様々な活動に関わった。教員の専門分野とは直接関係なくとも「プロジェクト」と呼ばれる企画や実務的な企画も多種多様にあった。博士はこれらにおいても中心的な役割を担うことが多かった。博士が入っているということで、プロジェクトの信頼性を高めると見られた。

表6 インドネシアの大学教員の昇格システム

職位	職名	必要点数
IV/E	Guru Besar (Professor)	1,000
IV/D	Guru Besar Madya (Intermediate Professor)	850
IV/C	Lektor Kepala (Senior Associate Professor)	700
IV/B	Lektor Kepala Madya (Intermediate Senior Associate Professor)	550
IV/A	Lektor (Associate Professor)	400
III/D	Lektor Madya (Intermediate Associate Professor)	300
III/C	Lektor Muda (Junior Associate Professor)	200
III/B	Asisten Ahli (Skilled Assistant)	150
III/A	Asisten Ahli Madya (Intermediate Skileed Assistant)	100

出典　Departmen Pendidikan dan Kebudayaan, Direktorat Jenderal Pendidikan Tinggi（1988）
＊　それぞれの職名の2段目の（　）内はインドネシア語から筆者が英訳した。

7. 博士は収入が増える

これまで述べてきた大学内外の活動には全て経済的な側面があった。通常これらの活動においては、関係者に報酬が支払われた。講義の場合、大学院担当は学部担当よりも手当が高かった。また共同研究には通常関係者への手当が含まれたが、その額は担当者により異なり、第1研究者に支払われる額が最も高かった。その他の企画でも通常報酬があった。博士はこれらの活動に関わる機会が増えることで、総収入も増えることになった。

これまで見てきたように、インドネシア人大学教員にとって博士号は非常に重要であった。大学教授になるためには博士号が必要だった。そして昇進システムは博士に有利にできていた。その上、博士であることで回りの人々から尊敬の念を持って見られ、教育、研究、そして大学外の活動等、各種の活動に関わる機会が増えた。

IV　考察

インドネシア人大学教員は大学に助手として採用され、教員としてのキャリアを始める中で、博士の持つ意味と価値を学び、留学して博士号取得するという具体的な目標を設定することになった。その目標のもとに留学が実現した教員達は、留学先大学院にて留学生として努力を続けた。しかし、日本の大学における異なる文化のもとでの留学生活が順調に進むとは限らなかった。研究室での生活や人間関係が研究遂行に影響することがあったが、そのことは彼らの留学目標、学位取得とも密接に関係する重要な問題だった。

　インドネシアという留学生送り出し国の一つにおいて、大学教員にとっての博士号の持つ意味、博士を取り巻く状況を把握することは、留学生にとって留学の持つ意味を理解する上で重要である。将来が母国にある留学生の場合、人生の通過点としての留学の意味は大きい。それは将来を決定する重要な通過点だからである。インドネシア人大学教員は、博士号が大事であるということについて、留学前に既に学習していた。そして留学中は勿論、留学後の人生においても博士号は重要であり続けた。

　インドネシア人大学教員は留学から帰国後早速、教育、研究、その他の学内外での活動に積極的に関わり始めた。自分の能力をアピールし、評価されると、次の仕事が回ってきた。

　インドネシア人大学教員の日本留学を挟んだ人生を追っていく中で、1990年代後半当時、不安定な要素のある母国[11]で少しでも確実な方向を目指す大学教員の人生の中に留学、そして博士号取得があった。

V　おわりに

本章では、留学するインドネシア人大学教員にとっての学位の問題に焦点

を当てて検討した。

　人間はその人が置かれた社会、文化、歴史的環境との絶えざる関わりの中で生きている。留学は、留学する人の留学前から将来を含めた人生の中で捉え、その人を取り巻く外界との関わりについても長期的観点から検討していく必要がある。留学は人生の一時期ではあるが、重要な通過点なのである。

　本章までⅢ部として1990年代後半のインドネシアでの追跡調査をもとに帰国直後から数年後のインドネシア人元留学生の世界を描いてきた。次章からⅣ部として2010年代前半の追跡調査をもとに、留学から20年後の元留学生の捉える世界を描いていく。

注

1　インドネシア最初の大学が創設されたのは1920年で、他の東南アジア諸国と比較しても遅れていた。これは宗主国オランダが「インドネシア人に対する教育を軽視する政策を取り続けた」からだった（西村、1988、p. 75）。

2　このうち教育文化省管轄下にある国立の機関は49にすぎず、倒的多数は私立である（Johnson, Gaylord, & Chamberland, 1993, p. 27）。国立大学に入れない大多数の若者の受け皿として数多くの私立大学機関ができていた（Johnson, Gaylord, & Chamberland, 1993, p. 26）。

3　ただし公務員としての採用には別のプロセスを経る必要があった。

4　奨学金選考と別に留学先の大学を教員独自で応募して合格しなければならない場合と、留学先の国の奨学金が確定し、大学については希望を出すことで、奨学金選考とセットとなる場合とあった。しかし後者の場合でも予め指導を希望する教授とのコンタクトがあることが望ましいとされると、受け入れてもらえる指導教授を探すことが必要だった。

5　調査地であるA大学はフィールドワークの時期は国立大学だったが、2004年4月から日本の他の国立大学同様、国立大学法人となった。

6　T大学では、1995年の時点で、2,096名の教員のうち、海外の博士号保持者343名に対し、国内の博士号保持者は114名だった。また国内大学院在籍中の教員が267名、海外の大学院在籍者が140名だった（Bagian Sistem Informasi, BAPSI, Universitas T, 1995, pp. 15-18)。1990年代、国内大学院進学者が増加するにつれて、海外留学者数自体は減少してきていた。

7　帰国後の手続きに時間がかかることは勿論、復職後においても大学教員としての給料だけでは生活が困難であることは、大学教員は留学前から知っていた。そのため留学中に節約と貯金に心がけていた。帰国後すぐに、家の確保、子どもの教育等、留学中に節約に励んでためた貯金を使いながらの生活を始めた。留学中の貯金が帰国後の費用に当てられるだけでなく、家族ビジネスの資金となることもあった。これらはいずれも家族で経済的にも安定した生活を確保していくために必要だった。

8　これは当時T大学では大学教員が留学中の場合は昇進システムの対象期間外となっていたためである。この問題はA大学に留学中の大学教員の間で話題になっていた。その後T大学では教員の留学中も評価対象期間に入れられるようになった。

9　博士となった大学教員は学位取得によるポイント数等で通常必要以上に獲得していた。しかしIII/Cに満たない場合、オーバー分の貯金ができず、ランクが一つ上がった時点で新たにゼロからポイントを集めなければならなかった。この問題もIII/Cになれば解消された。

10　インドネシアの国立大学は1999年に大学法人として運営されるようになり、このT大学でも変革期を迎えた（Team for University Autonomy, Directorate General of Higher Education, 1999）。大学法人化後、大学教員が関係する制度の変更の可能性もあるが、本章では1990年代後半の筆者の調査をもとに法人化前のシステムについて説明した。昇格に関連する活動はポイント制となっており、一つのレベルから次のレベルに上がるまでに必要なポイント総数が決められていた。例えば1990年代における大学教員の場合、教育、研究、社会貢献の三つの分野から点数を集める必要があった。本人の博士号取得は150点、修士号取得は100点、学士は75点、大学で1学期に1科目教えると2点、研究においては専門分野の著書もしくは論文執筆は単語総数等により、25点、15点、10点、社会貢献として一般向け研修や講習は期間の長さにより、2点、1.5点、1点、専門的組織においては国際的なレベルでの役員活動は2点、会員は1点、というように項目ごとに詳細に記されている（Departmen Pendidikan dan Kebudayaan, Direktorat Jenderal Pendidikan Tinggi, 1988）。

11　前述の通り、大学教員としての給料だけでは十分な生活ができない厳しい状況があった。そして1990年代後半、インドネシアの政治経済社会の不安定要素は元留学生の帰国後の生活にも影響していた。

IV 部

留学から 20 年後の
インドネシア人元留学生の見た世界

2010 年代前半

13 留学経験の中から主体的に選択して活用する大学教員の世界

　本章では 2010 年代に行ったインドネシアにおける追跡調査をもとに、約 20 年前に日本留学を経験したインドネシア人大学教員の今を通して、長期的な観点から日本留学の意味について検討する。本章では「日本留学の意味」を「留学経験者の立場から日本留学がもたらしたもの」と捉え、日本留学経験者の語りを通して明らかにする。具体的には、大学教員の教育研究等の仕事に対する考え方や行動など、帰国後ある程度の時間が経過した今日の母国での生活について、留学経験者が日本留学との関係でどのように捉えるか、ということを中心に検討する。

　本章では、まず今日グローバル化の進む中での日本とインドネシアの高等教育について概況を説明した上で、日本における留学生教育研究、特に長期的な観点からの留学生研究と、インドネシア人留学生についての研究について概観する。次に、2011 年夏の約 2 週間のインドネシアでの追跡研究をもとに、インドネシア人大学教員にとっての日本留学の意味について検討する。

I　グローバル化する高等教育　　日本とインドネシアの場合

1. 日本の大学におけるグローバル化の動きと留学生受け入れの状況

　高等教育のグローバル化が益々進んでいる（Altbach, 2016）。その中で国家レベルでの留学生政策が打ち出され、日本の大学もその影響を大きく受けている。1984 年の「留学生受け入れ 10 万人計画」以来の大規模な留

学生政策として、2008年に「留学生30万人計画」が出された（文部科学省、2008b）。それを受けて2009年に打ち出された「国際化拠点整備事業（グローバル30）」（文部科学省、2009）では学部レベルの正規課程の英語コースを作ることが求められた。また、短期間の留学生受け入れに加えて、日本人など一般学生の海外留学派遣を推進する政策も見られる。例えば2014年から官民協働の留学支援制度も始まっている（文部科学省、2015）。

　このように近年短期間の留学生受け入れと派遣が増えているが、学部や大学院レベルで学位取得を目指して正規課程に進学する留学生も多い。短期であれ正規課程であれ、留学生を受け入れる以上、日本の大学の国際的環境の整備は益々重要となる。

　一方で日本の高等教育機関にはこれまでの歴史の中で作られた各種制度やシステムがある（有川、2007b）。グローバル化の影響を受けながら、新たに作られるプログラムがある一方で、過去から今日まで変化しつつ続いている教育制度やプログラムがある。留学生対象に作られた特別プログラムでない限り、通常留学生は留学先大学の課程やシステムの中に入ることになる。

　また例えば2004年に国立大学の法人化が行われたように、高等教育機関に関わる組織や制度が変化することにより、大学はその影響を受けることになる。

2. 今日のインドネシアの高等教育の状況

インドネシアの高等教育も今日グローバル化の影響を大きく受けている[1]。西野（2004）によると1998年のスハルト大統領辞任後に、民主化への動きが急速に進められる中、「高等教育改革においても市場化、法人化、大学評価の整備など世界共通ともいえる動きが鮮明」（西野、2004、p. 102）になってきている。

　インドネシアでは近年、国立の高等教育機関に比較して、私立の高等教

育機関が急激に増加し、多くの学生数を受け入れている[2]。そして国立・私立を問わず高等教育機関の多くがジャワ島に集中し、「特に質の高い大学のほとんどはジャワ島内にある」(西野、2004、p. 110)。

西野(2004)はインドネシアの高等教育機関の評価の動きについて説明し、1994年の高等教育全国基準委員会(BAN-PT)設置以降の、大学評価システムや評価結果について分析している。また西野(2004)によると、1999年の関係政府規程に基づき、2000年に四つの国立大学が国有法人BHMN(Badan Hukum Milik Negara)化された(西野、2004、pp. 114-115)[3]。

財政面については「研究費に関しては、1993年から競争に基づく助成プログラム」による配分となった他、高等教育機関の経常経費についても、種別、質、卒業生数などの基準に基づいて、経常費を受け取るシステムの方向で財政改革も進められている(西野、2004、p. 120)。

このようにインドネシアの大学の評価や改革が進む中、2000年に国有法人化した4大学の後に3大学が続き、2009年時点で7大学が国有法人となった(梅澤、2011、p. 45)。そして、法制定作業が難航していた「教育法人法(Badan Hukum Pendidikan, BHP Law)」が成立したのは2009年だった(梅澤、2011、p. 48)。

これまで概観したように、日本、インドネシアの大学ともに、グローバル化の影響とともに国内での高等教育機関に関わる改革の影響を受けていることがわかる。次に日本における留学生教育研究について長期的な観点とインドネシア人留学生に焦点を当てて振り返っていく。

II 長期的観点からの留学生教育研究

日本における留学生教育研究はこれまで研究者の専門分野により多様なアプローチで行われてきた。また研究と実践とが密接に関係することに焦点を当て、例えば横田と白土が留学生アドバイジングについてまとめている

（横田・白土、2004）。

　留学生について長期的観点から研究したものとして、例えば岩男・萩原（1988）による調査が挙げられる。岩男と萩原は1975年と1985年に行った留学生への質問紙調査と、1980年代半ばに行った元留学生に対する質問紙調査と少数の聞き取り調査に基づき、主にアジア系と欧米系の留学生に分けて分析している。権藤編（1988）は、日本留学観について、アジア8か国の大学教授への質問紙調査を行っている。その中で、西村（1988）はインドネシア人大学教員を対象した調査結果を分析している。

　日本に留学したインドネシア人の帰国後についての研究の最近の例として、佐藤（2010）は留学生政策の評価の観点から、米国への留学経験者、非留学者と比較した日本留学経験者についての質問紙調査、同窓会名簿、聞き取り調査、統計データ等の分析を行っている。佐藤はインドネシアとタイの日本留学者との間の比較も行っており、意欲的な量的研究を行っている。

　これまで概観してきたように、高等教育がグローバル化する中で、留学生を取り巻く環境もグローバル化している。多様なバックグラウンドや目的を持つ留学生の状況を考えると、特定の国や地域の留学生について絞って長期的な研究を継続することは重要である。例えば日本だけでなく、グローバル化や大学改革の影響を受けているインドネシアの大学の近年の状況も把握した上で、個別のケースについて調べることで、インドネシア人大学教員にとっての日本留学の持つ意味について、より多角的に検討することができる。

表7 留学から20年後の元留学生の現在

名前（仮名）	職位	その他のポジション	日本留学期間	博士号
Pak Pranowo	教授（2009年-）	学科長	1989-1995	取得
Pak Taufik	准教授（教授申請中）	日本文化研究センター長	1989-1997	取得
Pak Jonny	准教授	学部教務委員長（2009年まで）	1995-1999	取得
Pak Cuk	准教授（教授申請中）	学科大学院プログラム長	1989-1996	取得
Bu Maya	教授（2008年-）	特になし	1992-1997	取得
Pak Kelik	准教授（教授申請中）	日本文化研究センター副センター長	1990-1998	取得

III 2011年の追跡調査研究の概要

3章と重なるが、改めて本章のベースとなっている追跡研究の概要を述べる。2011年8月17日から31日までの約2週間、T大学の6名の元留学生と個別にインタビューを行った。表7に6名の元留学生の2011年当時についてまとめた。

インタビューで尋ねた主な項目を表8にまとめた。

各インタビューではこれらの項目を中心としたオープンエンドの方式で、元留学生と会話をしながら、質問の順番が変わったり、話が展開していった。元留学生の話の中から更に質問をしていく中で、新たな情報を得ることも多かった。

また現地で滞在した元留学生夫妻とは、日常的に会話をする中で率直な話になることが多かった。これらはフォーマルなインタビューではないが、筆者にとって、元留学生のインドネシア人大学教員や家族についての今日の状況について、より深く、具体的に学ぶ貴重な機会となった。これらについても可能な限り、毎日のフィールドノーツの中で記録した。

表 8　インタビューで尋ねた主な項目

大項目	小項目		
A：今の仕事について	職位	教授	教授になった時期
			そのプロセス
			教授になってからの変化
		教授でない場合	教授申請中かどうかの有無
			そのプロセス
	その他のポジションや活動	学内、学外	
		これまでの経験	
	博士であること、教授であること		
	同僚との関係	日本留学、他国留学、インドネシアの大学出身者	
	大学について	制度やシステムの変化	
		グローバル化、国際に関する取り組み	
	日本留学時の体験をベースに現在活用していること	研究室システム	
		学生間の関係	
		教員と学生との関係	
B：日本との関係	出身大学との関係	指導教授	
		その他研究室の教員やスタッフ	
	他大学との関係		
	その他日本との関係	来日回数や頻度、行き先、目的など	
C：海外との関係	日本以外の海外との関わりについて		

D：家族のこと	現在の様子（仕事、現在の学校や学年など）	配偶者
		子ども
	留学時同伴した子どもの状況	帰国直後
		数年後
		現在
	家族が日本から持ってきたもの	帰国直後
		現在まで残るもの
	帰国後生まれた子どもについて	日本への関心
	子どもの留学について	子ども自身の関心
		親としての期待や関心

　更に今回の現地調査の時期がちょうどムスリムにとってのラマダーン（Ramadan、断食月）の後半に重なったことから、この時期の元留学生と家族の生活、町の様子、ラマダーン明けの各種行事についても経験する機会となった[4]。

　本章では、日本留学20年後の意味について、日本留学経験者の視点から明らかにする。この視点とは、日本留学時以来の長期間の信頼関係をベースとし、元留学生や家族に現地で会い、インドネシア語を使用しながらインタビュー等を通して話をする中で、筆者が学んだ視点である。

　まずは、以下の2名のケースについて簡単に紹介する。

IV　日本留学経験者としての大学教員の生活

1. Pak Pranowo：「日本のシステムの良いところを取り入れた」

Pak Pranowoは2009年に教授に昇進し、2011年4月から学科長に就任した。学科内では、4年ほど前に「Sistem Koza（講座システム）」として作ったLab（実験室）の「Ketua Lab（実験室長）」として忙しい日々を送っていた。

そのLabには、大きな実験台が複数並んでいた他、学生たちが議論できる大きなテーブル、学生たちがリラックスできるスペース、簡易の台所に至るまで設置されていた。

　Pak Pranowoによると、通常は大学内で学生たちが一緒に研究や実験をしたり、議論するスペースはなく、ましてや台所があるのはPak PranowoのLabだけだった。Pak Pranowoが研究費を獲得し、研究テーマをいくつかに分けて、各学生グループが分担して実験を行い、成果を出していくというシステムだった。そこでは、学年の異なる学生間でお互いに教えたり聞いたりすることができた。

　Pak Pranowoは平日は基本的に毎日午前中にLabに顔を出し、学生の研究について必要な指導をする他、具体的なLab運営はアシスタントに任せていた。このLabのチームで研究活動に取り組み、業績を挙げて、2009年に教授に昇進していた。

　また、Pak Pranowoは専門分野を活かし、卒業生のビジネスへもアドバイザーとして関与していた。

2. Pak Taufik：「自分が研究の費用を全て払うから、学生には自分のエネルギーと時間を使うようにと言う」

Pak Taufikは2011年現在教授昇進のプロセス中だった。教育研究活動やプロジェクトに積極的に取り組む中、Pak Taufikも先輩の学生が後輩の学生に教えるシステムを作っていた。「他の教員のところのように、学生が自分の研究のための実験費用を払い、エネルギーも時間も使うとなると、学生は研究について簡単なテーマを選ぶ」ことから、Pak Taufikは「自分が研究の費用を全て払うから、学生には自分のエネルギーと時間を使うようにと言う」と語った。

　Pak Taufikも学生の研究や実験の進捗状況について、毎日午前に様子を聞き、アドバイスを与え、その後学生が実験を続けて、また翌日聞くというシステムを作っていた。Pak Taufikの指導は厳しいため、「チャレンジ

精神のある学生が集まってくる」と語った。

また、Pak Taufik は日本の大学で毎年集中講義を行ったり、1週間程度の短期間であるが、数回にわたり日本とインドネシアの大学で専門分野の同じ学部の学生を相互に受け入れたり派遣していた。更に Pak Taufik は大学全体の方針を決める会議の学部選出委員として会議の多い日々を送っていた。

以上、2名の元留学生の現在の様子について簡単に紹介した。この後、このケースも含めて、元留学生の話から見えてきた、今日の日本留学の意味について考察していく。

V 考察　日本留学がもたらしたもの

1.「教授［Guru Besar］」になるということ

日本留学から20年、帰国後約15年を経た今日、元留学生たちはそれぞれ活動してきた[5]中で、今回の調査の時点で表7にあるような職位やポジションについていた。年齢は50歳前後となっていた。6名のうち2名は既に教授となり、3名は現在教授への申請中であった。教授昇進に必要なポイント[6]を獲得すると、まずは学科での審査、続いて学部、その後大学において審査が行われた。大学で認められた後、インドネシア国家教育省の高等教育総局（DGHE）へ書類が提出され、そこから大学に昇進決定の連絡が入ることになっていた。順調に進めば、教授昇進決定まで約1年間を要した。

教授になると、教授就任の講演［Pidato Pengukuhan Jabatan Guru Besar］の式典が、大学本部の会場において、学内外の関係者を招待して開催された。Pak Pranowo は2009年10月のこの式典に約500名、その後のパーティに約700名が出席したと語った。また、教授になると、それまで名前の前に「Pak［Mr.］」もしくは「Bu［Ms］」、または「Doctor」と呼ばれてい

たのが、「Prof.」をつけて呼ばれるようになっていた。

　Pak Pranowo は、教授昇進による経済面での安定にも触れ「ようやく息ができるようになった。それまでは本当に大変だった。」[7]と語った。これらのことから「教授」になるということが大学教員にとって特別な意味と価値を持って捉えられていることがわかる。

2. 日本から持ってきた大学での教育研究システム

元留学生たちは、教育研究活動を行う中で、日本留学中に体験した大学での研究室システムを取り入れていることが明らかになった。特に学年の異なる学生同士が教え合い、学び合う中で、グループで研究を進めるシステムについて、6名全員が取り入れていた。そこでは研究費を教員が獲得し、研究テーマをいくつかの小テーマに分けて、学生を小テーマごとのグループに分けて実験や研究をさせていた。また専門誌の論文を一緒に読む会合などを通して、学生同士で論文について紹介し合うことや、定期的な実験報告をさせながら、グループでディスカッションしていく形をとっている元留学生もいた。

　例えば、Bu Maya は、以前は学生1人にテーマは一つで、テーマはそれぞれだったが、「日本で研究をグループで行うことの強み」を学び、帰国後は研究上のグループを作るだけでなく、「授業でもグループで活動させている」と語った。

　元留学生たちの話では、インドネシアの大学での通常のシステムは以下のようなものだった。指導教員と学生は1対1であり、学生の研究テーマはバラバラで、研究に関する学生間のつながりはなく、教員の学生への指導もシステマティックでない。学生は論文作成に必要な研究や実験にかかる費用を自分で支払う。研究や実験のための学生たちが集まって議論したりできる居場所は大学にはない。卒業論文には研究成果が出ることが必要であるが、学生個人で取り組む中で成果が出なかったり、卒業論文が作成できずに、卒業が遅れる学生もいる。

13章　留学経験の中から主体的に選択して活用する大学教員の世界　　**179**

　元留学生たちは日本留学から帰国後、それぞれの立場で教育や研究に取り組む中で、学生への教育や研究指導について、日本の大学での研究室での経験を参考に、学生グループでの教育研究のシステムを作っていた。
　このように元留学生たちは、研究費を獲得し、自分のテーマについてくる学生を選び、そのテーマを学生に分担して研究させ、学生同士で学べる環境を作っていた。元留学生たちが指導教員として学生の研究の進展を定期的にチェックすることで、学生は研究成果を出していった。そしてその研究成果は学生を指導する大学教員である元留学生たちの研究成果でもあり業績にもつながっていくシステムだった。

3. 日本のシステムを活用しつつも、日本そのままではない

　これまで述べてきたように、元留学生たちは、帰国後、日本の研究室の良い面をインドネシアの状況において活用し、大学での教育研究を改善し、質を上げようと努力していた。しかし元留学生たちは日本のシステムをそのまま持ってきたわけではなかった。「日本のシステムの良いところを取り入れた」Pak Pranowo は、日本の研究室での学生として経験をベースにして学生間で相互に教えるシステムは作ったものの、日本の先輩後輩のように厳格に上下がはっきりし、後輩は先輩の言うことを従わないといけない、というシステムではなく、むしろ、学生間でお互いに意見を出し合い、学び合える環境を作っていた。Pak Kelik も日本では、後輩は意見を言うことを怖がることを指摘し、自分はもっと民主的に行っていると説明し、「日本のやり方と非日本 [Non-Jepang] のやり方とのコンビネーション」をしている、と語った。
　また T 大学の教員システムは、日本の大学で経験した研究室のシステムとは異なっていた。元留学生たちは、日本の出身大学の研究室で絶対的な権力を持つ教授とその他の教員の間の上下関係のシステムの中で学生としての体験をしていた。一方 T 大学では、各学科に所属する教員はそれぞれ独立していた。このため、元留学生はそれぞれ教員個人で学生グルー

プをシステム化していた。

　また学生間でお互いに学ぶシステムにしても、インドネシア人の学生たちにグループで行動させることが必ずしも容易でないことを語る元留学生もいた。Bu Maya は「日本人は 100% グループ」で、個人よりもグループへ忠誠心があることと比較し、「インドネシア人は 50% グループ」と語った。Pak Cuk は、西洋とアジアを狩猟と農耕民族の比較で説明を試み、インドネシアもアジアで農耕民族であるが、「オランダが 300 年いたので」「バラバラ」になってしまったと語った。

　そして学生たちがグループでの活動をしっかり行うための具体的な方法として、例えば Bu Maya は、グループの中に積極的でない学生が出てこないように、全員が発表したり、貢献しなければならないシステムにする努力をしていると語った。

　このように元留学生たちは、日本のやり方そのままではなく、インドネシアの状況や大学の所属学部や学科の状況に合わせて、日本の教育研究システムを活用し、自分の置かれた状況に合う形や方法での教育研究システムの構築を目指して活動していた。

4. 帰国後の長期の時間の経過とともに見えてきた日本留学の意味

インタビューを行った元留学生 6 名全員が日本の大規模総合大学 A 大学大学院の工学系にて博士号を取得して帰国した大学教員である。日本留学中には学位取得のプロセスでの大変さ、苦しさについて筆者に語っていた留学生もいたが、今回日本留学を振り返る中で、その意味の変化が見られた。例えば Pak Pranowo は日本留学で「自信がついた。何事にも積極的に取り組めるようになった」と語った。また Pak Taufik は「日本での生活は今に至るまで自分の人生を形作っている」と語り、インタビューの最中も複数回にわたり、指導教授の名前を挙げ、その先生の数々の言葉を思い出しながら、帰国後の困難な状況を乗り越えてきたことを説明した。

VI　おわりに

　本章では、インドネシア人大学教員の今について2011年夏に現地にて行った追跡研究を踏まえて、20年後の日本留学の意味について検討した。今回の追跡研究を通して明らかになったこととして以下のことが挙げられる。元留学生がそれぞれ日本留学で体験したことの中から、良いと判断するものについて、インドネシアの大学において、各自が置かれた環境の中で、可能な範囲で可能な時期に、主体的に教育研究システムを作って活動していた。同じ大学であっても元留学生個人の置かれた環境や条件が所属学部や学科により異なるところがあり、その中で同僚やその他の関係者との関わりの中で可能な範囲と方法で具体的に実現させていた。

　このことは、留学を終えた帰国直後、もしくは数年後の時点に、日本留学中にインドネシア不在だったことのハンディを乗り越えることに必死だった時期には見えていなかったことである。元留学生たちは、日本留学から約20年、帰国後約15年が過ぎる中で、帰国直後の不安定な時期を乗り越えて、経済的にも社会的にも安定していく中で、また今日のインドネシアの大学におけるグローバル化の影響や大学改革の時期とも重なり、日本留学で価値を見出したもの、特に教育研究システムについて、それぞれに活用していたことがわかった。

　次章では、留学後の時間が経過した中での官庁職員の生きる世界について描いていく。

注
1　例えば西村（1988）、佐藤（2010）、西野（2004）が説明している。
2　梅澤（2011）はインドネシアの高等教育機関の種類を説明し、2007年時点の国立・私立の内訳を含めた高等教育機関数を紹介している。またインドネシア教育文化省が2013年に公表したデータによると、2012-2013年におけるインドネシアの大学

数は国立 52、私立 424、合計 476 であるが、大学を含むすべての高等教育機関数として、国立 96、私立 3,096、合計 3,189 となっている。学生数について、大学では国立 1,658,696 名、私立 2,124,758 名、合計 3,783,454 名、大学を含むすべての高等教育機関における学生数では、国立 1,812,427 名、私立 4,009,716 名、合計 5,822,143 名となっている (Kumenterian Pendidikan dan Kebudayaan, Sekretariat Jenderal, Pusat Data dan Statistik Pendidikan, 2013, p. 1)。

3　インドネシアの国立大学の国有法人化は「法人化を一律に実施するのでなく、評価を行い、条件の整った国立大学から準備を進め、法人化を認めるという方針」(西野、2004、pp. 114-115) による。当時国有法人化に伴い、入学者の特別選抜措置とともに多額の入学金と授業料の条件を定めた大学があったことから、メディアでも取り上げられた。その他、非正規プログラムによる増収策、海外の大学との各種プログラムも盛んに行われるようになっている (西野、2004、p. 118)。

4　インドネシアで生活をする元留学生や家族にとって、宗教が重要な意味を持っていることが、今回の調査でも確認された。

5　12 章で説明しているが、元留学生たちは、日本留学から帰国後直後の時期、博士であることを活かし、日本留学中不在にした数年間のハンディを乗り越えるために、教育研究活動、学内外の各種プロジェクトにも積極的に取り組んでいた (有川、2004)。積極的に活動することで、名前を覚えてもらい、次の機会につなげる努力をしていた。

6　12 章で説明しているが、インドネシアの大学教員には教育、研究、社会貢献の三つの責任があるとされ、教員の昇格システムでは上記三つの各分野に昇進に必要ポイント数が決められていた (有川、2004)。

7　Pak Pranowo 夫妻の話では、教授になると基本給が 3 倍になったとのことだった。

14 多様なキャリアの中で日本留学経験を生かす官庁職員の世界

本章では、2010年代前半のインドネシアでの追跡研究をもとに、インドネシアの科学技術系官庁所属の日本留学経験者の語りを通し、日本留学と帰国後のキャリアについて検討する。

I 2012年の追跡調査研究の概要

3章と重なるところもあるが、簡単に研究方法について説明する。前回のインドネシアでの追跡調査から約10年後となった今回の研究では、2012年9月16日（日）から22日（土）までの1週間、インドネシアのジャカルタに滞在した。これまでの研究を通してラポール（信頼関係）のあるインフォーマントの中で、官庁所属のPak Zainalと事前に電話やメールでコンタクトし、協力を依頼した。その際に約10年前の追跡調査時にインタビューを行った元留学生へ今回の調査協力の打診を依頼した。また、その他の博士号を持つ日本留学経験者についても調査協力の打診を依頼した。

Pak Zainalを通して事前にインタビューの手配をしてもらった元留学生に加え、ジャカルタ滞在中にも引き続きPak Zainal、そしてPak Zainalと同じ部署の同僚の協力も得て、他の元留学生へのコンタクトと面談の約束を入れてもらい、合計18名の工学系の日本留学経験者にインタビューを行った[1]。このうち6名は約10年前の追跡調査においてもインタビューを行った元留学生であるが、この中には日本留学に加えて、日本以外の留学経験を持つ者も含まれる。

これら元留学生の日本を含む海外への留学開始時期は1980年代から1990年代にかけてであり、インドネシア政府奨学金を得て海外へ派遣した人数が多かった時期に重なる[2]。18名中、留学中の全課程について、日本政府の奨学金を得た1名を除き、17名はインドネシア政府の奨学金を得ていた。ただし、17名の中にインドネシア政府奨学金の受給だけでなく、一部の課程で日本政府の奨学金を得た元留学生が4名、一部民間から奨学金を得た元留学生が2名いた。

今回の追跡調査では、前章で紹介した大学教員同様に主にインタビューによる調査を行った。事前に準備した主な質問事項をベースに話を聞きながら更に質問を加えていくというオープンエンドスタイルのインタビューを行った。各インタビューでは、日本を含めた留学の時期、留学中の経験、帰国後から今日までのキャリア、現在の仕事、留学を通して学んだ仕事の仕方や人間関係、家族、その他について尋ねた。

本章では、今回の追跡調査に加え、1990年代後半から2000年代初めの追跡調査においてもインタビューを行い、日本だけの留学経験を持つ3名のケースを通して、元留学生の立場からの博士号の価値、仕事の仕方、キャリアについて考察する。

II 日本留学とその後のキャリア

1. Pak Zainalのケース：技術者として活躍（大学院のみ日本留学）

Pak Zainalはインドネシアで学部を卒業し、所属官庁で仕事をした後、1991年から1997年の間、日本政府の奨学金を得て日本の大学院に留学した。研究生の後、大学院博士前期課程と後期課程に進み、博士号を取得し、1997年に帰国した。

(1) 1999 年

インドネシア帰国後 2 年が経過した 1999 年のインタビューにおいて Pak Zainal は筆者に仕事や家族の話をする中、昇進システムにおける博士号の有無による差異、博士号を持つことでの研究や仕事への関わり方について説明した。博士号を持つと、プロジェクトに必ず誘われる、と Pak Zainal は話したが、その理由は、博士は他の人より知識があると思われていること、また、インドネシア人の間では、博士をプロジェクトに誘わないと悪いという気持ちがある、とも説明した。更に、博士号を持っている人は仕事熱心で、専門分野の知識があるはず、と思われていると語った。

実際に Pak Zainal は誘われたプロジェクトに積極的に参加し、その実績が次の共同研究やプロジェクト等の活動へつながっていた。これらの活動には通常手当があり、経済面でも重要だった。

また、博士号を持つことにより周りの人との関係が変化したことも Pak Zainal は語った。職場において同僚が尊敬の念を持って接することや、職場外における日常生活での人々との関わりの中で、周りの人々の博士に対する態度の明確な違いなどについて説明した。

(2) 2012 年

インドネシア帰国から 15 年が経過した 2012 年のインタビューを通して、Pak Zainal は所属官庁において管理職としてではなく、技術者としての道を選び、キャリアを積んできていたことがわかった。Pak Zainal は工学系の専門分野の知識を活かしながら、各種プロジェクトに関わってきていたことを話した。例えば、海外との共同プロジェクトにより中部ジャワに出かけたこと、その際に、同時期に日本留学していたインドネシア人の友人と一緒になったことを話した。また技術者チームのリーダーとして働いてきたプロジェクトの中に、これまで海外からの輸入に頼っていた製品について、インドネシアに生産拠点として工場を建設する計画が具体的に動き出したことについて話した。

更に、Pak Zainal は技術者としてのキャリアを続けながら、週末に地元の大学で自分の専門について教鞭をとっていると語った。

2. Pak Dion のケース：日本と同じ仕事のスタイルで活躍
（学部から大学院まで日本留学）

Pak Dion はインドネシアでの大学生活を始めた後に、インドネシア政府の奨学金を得て、1988年から日本へ留学した。来日後1年間の予備教育の後、1989年から1999年春までの10年間同じ大学にて学部から大学院まで学び、博士号を取得した。博士号を取得した1999年から2年間、日本の民間企業で研修を受け、2001年に帰国した。

（1）2001年

インドネシア帰国から5か月後のインタビューにおいて、Pak Dion は筆者に日本留学中の経験について話すとともに、2001年5月初めに所属官庁で仕事を始めてからの様子について語った。Pak Dion が帰国後に配属された部署は Pak Dion の専門分野と関係があった。彼は職場で色々な人と話していく中で、テーマによって同僚から誘ってもらったり、自分の意思で入りたいと伝えて、各仕事に関わることになった様子を話した。Pak Dion は、問題ない、ただ、慣れるのに時間がかかること、表面上は慣れているが、事務的なことはわからないので、皆に聞いている、と話した。

また Pak Dion は日本留学中から、帰国後に仕事をするための準備や情報収集を行っていたことがわかった。彼によると、学部4年生の頃から帰国するたびに、所属官庁の配属部署に挨拶に行っていた。そして Pak Dion は日本留学中、在日インドネシア留学生協会の活動に積極的に参加し、多くのインドネシア人と接する機会があった。これらの機会を通して、Pak Dion は同じ官庁所属で日本に留学していた他のインドネシア人の友達から情報を得ていたこと、また、所属先に限らず、他のインドネシア人に会った際に、彼はインドネシアで仕事をすることについて質問した

ことを話した。

　また、Pak Dion は博士号を持っていることは見せないようにしている、と言った。一つのエピソードとして彼が紹介したのは、同僚で学部卒の 40 歳くらいの人、Pak Dion が先輩だと思っていた人と地方に仕事で出かけた際に、地方の人は Pak Dion をリーダーとして扱った経験だった。「Dr. Dion いますか？」と、最初に Pak Dion にコンタクトしようとした。しかし、実際に話すうちに、Pak Dion はあまり話さないし、同僚の方が職務についてよく知っていて、現地の人々とよく話したことから、そのうちに話す相手が彼に移った様子を話した。

(2) 2012 年

インドネシア帰国後 11 年が経過した 2012 年のインタビューを通して、Pak Dion は積極的に自分の活動をまとめて発表しながら、昇進し、職階を上げていたことがわかった。また彼は博士号取得後、2 年間日本の民間企業で研修した経験があったが、そのつながりから、日本の複数の民間企業等の仕事が複数同時進行していることについて話した。

　Pak Dion によると、最初のきっかけは、帰国後に日本の友人を通して彼がローカルパートナーとして関与することになった一つのプロジェクトだった。この後、Pak Dion へ日本の官庁や民間企業等の関係者からコンタクトが入るようになった。今回のインタビューの頃には、時期により変動はあるものの、頻繁に日本から会社関係者がインドネシアに来て、彼は一緒に各地に出向いて実証調査を行っていた。例えば、筆者がインタビューを行った 9 月には、日本からの関係者の対応が 5 件あり、毎週、インドネシア国内の異なる地域や島への現地調査を行っていることを話した。

　Pak Dion は日本語で日本の関係者と頻繁に電話やメールのやり取りを行っていると話した。日本の同じ会社の調査担当、財務担当など異なる部署の複数の関係者と一緒に話すこともあった。彼はメールにすぐに返事しないと、自然とたまる、と語った。相談が必要なものや難しいものは後に

するものの、メール受信の返事は送るようにしていること、そして、自分はすぐ返事するから、日本の人にとって利点だと語った。Pak Dion が同じ職場の同僚を紹介しても、同僚は毎日メールを開けないことから、結局自分を通すことになると話した。彼は夜中でもメールの返事をすることから、同僚からロボットのようだと言われているとも語った。

　Pak Dion は日本には技術があるが、物がない、インドネシアには材料があり、日本とインドネシアは協力できると話した。彼は 10 年前の帰国当初の時期を振り返り、当時は 40 代の人に仕事を教えてもらった、何も知らず、十分な知識がなかった、しかし今は、若い人や知らない人に対して、自分が教える立場になった、と話した。

3. Pak Hendrik のケース：管理職として活躍（大学院のみ日本留学）
Pak Hendrik はインドネシアで学部を卒業し、官庁で仕事をした後、1988 年から日本に留学した。大学院博士前期課程と後期課程に進み、1994 年に博士号を取得し帰国した。

(1) 1996 年
インドネシア帰国後 2 年が経過した 1996 年 9 月の時点でのインタビューにおいて、Pak Hendrik は博士号保持者について説明した。周りの人は、博士は一番頭がいい、一番アイデアがいい、博士の考え方が正しい、と言う、とのことだった。しかし Pak Hendrik は、それは違う、本当の差は教育、博士は博士課程まで勉強したから博士になる、と説明した。

　Pak Hendrik はグループで仕事をすることが好きなこと、研究グループで一緒に考え、一緒に決めて作ることが好きだと話した。その一方で彼は自分のやり方は一般的でないとも言った。普通のグループの場合、リーダーは命令して、相談は少ない、と言った。

　また Pak Hendrik は仕事に対する態度の変化について、自分自身では気づかないが、周りの人が、Pak Hendrik はボス、日本人的と言う、とのこ

とだった。日本人の仕事の仕方について、よく考える、研究のやり方が細かい、テーマが細かい、小さいことを見てよく探す、準備に時間がかかる、と表現した。また、ある提案ができるまで、色々な角度から見るので時間がかかると話した。

　Pak Hendrik は日本での勉強は研究だけ、狭い分野で深いが、インドネシアでは狭い分野では何かわからない、もう少し大きく広げないとわからない、他人に説明して納得させる必要がある、と語った。

(2) 2001 年
インドネシア帰国後 7 年が経過した 2001 年 8 月の時点で、Pak Hendrik は管理職において昇進し、局長になっていた。彼は帰国後の研究グループについて語った。Pak Hendrik 以外に日本留学経験者 2 名、その他欧米留学経験者 4 名を含め 15 名の研究グループで、一緒に研究を行い、研究成果を挙げ、論文発表を続けていた。これらの活発な研究活動や論文発表は、昇進に必要な研究面でのポイント獲得につながること、そして彼自身が昇進していった様子を説明した。Pak Hendrik は管理職での地位が上がるにつれ、研究する時間が少なくなっていたが、それでも研究グループとのコンタクトを続け、共同研究者として活動を続けていることも話した。

(3) 2012 年
インドネシア帰国後 18 年が経過した 2012 年 9 月の時点で、Pak Hendrik は所属官庁トップとなっていた。2008 年の官庁トップ就任後、日本におけるチームでの仕事の仕方を参考に、2009 年からこの官庁においてチームでの仕事のシステムを導入した実績を彼は語った。その一方で、研究の時間はなくなり、研究は趣味になった、と語った。

　また Pak Hendrik は日本留学経験者の研究実績の高さを挙げた他、日本から学んだこととして、仕事熱心であること、一緒に協力する人間関係、先輩後輩の関係についても話した。大きな問題に直面した際に、他の人を

誘って一緒に協働して解決することも話した。

　Pak Hendrik は毎年 2、3 回日本に出張していると話した。他国より日本への出張の頻度が高くなっていることについて、自分は日本留学出身者であるから、日本との強い絆を感じると話した。インドネシアは日本から技術を学び、日本に技術はあるが資源がないことから、相互に資源を補完し合い、更に強い結びつきにできると語った。

　また、Pak Hendrik はこの官庁全体での日本留学経験者の減少の問題についても語った。彼によると博士号保持者 250 名中、日本での取得者は約半数、修士号は 80 名のうち 40 名が日本での取得者だった。部長や課長の 30-40% は日本留学経験者となり、日本の研究組織、大学や民間企業と共同のプロジェクトも進んでいた。しかし、これらの日本留学経験者の同僚の多くは 40 歳以上の年齢だった。Pak Hendrik は今後退職する人が出ると、日本留学経験者数が減少していくことを心配していた。一方で近年奨学金プログラムを増やしている環太平洋地域の国々、米国、韓国、中国の動きについても語った。また Pak Hendrik は官庁職員対象の海外留学の奨学金が少ないことから、奨学金を見つけてきた職員を積極的に応援していると話した。

III　考察

1. 博士号の重要性

博士号は、インドネシアの官庁所属の元留学生にとって、帰国当初に限らず、帰国後の時間を経ても、重要であることがわかった。官庁内外の活動において、博士号を持つことが活かされ、昇進の際にも有利だった。元留学生が博士号を持つことで実際に各活動に積極的に取り組むことにつながっていく様子が明らかになった。これら各方面での積極的な活動は経済面に直結し、重要だった。また、元留学生の語る周りの人々の様子を通し

14 章　多様なキャリアの中で日本留学経験を生かす官庁職員の世界　　191

て、博士がどのように評価されているかも明らかになった。

　「博士号」という名称だけでは見えてこない留学生にとっての博士号の重要性について、本研究のように質的研究であるエスノグラフィックアプローチにより、研究者は留学生の母国の文化社会的コンテクストを十分理解し踏まえた上で、元留学生の語りを聞くことを通して、より具体的に詳しく明らかにすることができる。本研究により具体的に博士号の有無によるキャリア制度上の差、仕事の機会の差、職場での人間関係、これらの差異が経済面に直結すること、また職場や社会で博士というものがどのように見られているか、ということが明らかになった。

　このことは、例えば日本の大学における留学生アドバイジング関係者にとっても重要である。「留学生にとって博士号は必要である」という単なる知識だけでなく、留学生の立場からの博士号の意味と価値についての理解につながるだけでなく、ひいては、例えば博士号が取れなければ帰国できないと訴える留学生のケースや、研究が不振で問題を抱える留学生のケースにおいて、留学生の背景や立場についてより深い理解を持って対応することにつながる可能性がある。

2. 「日本」[3]的仕事の仕方

また元留学生がどのように「日本」の仕事の仕方について、帰国後のキャリアにおいて活用しているかが明らかになった。例えば、Pak Dion は帰国後も日本の関係者との関係が続く中で、日本語を使い、メールへの返信は早くするなど、「日本」のスタイルで対応していた。そして、その実績が次の仕事につながっていた。その一方で、Pak Dion の仕事のスタイルは同僚の仕事への取り組み方とは異なっていることも明らかになった。

　このような「日本」的な仕事の仕方は、Pak Dion が語った日本の関係者との仕事だけでなく、Pak Zainal や Pak Hendrik の語る共同プロジェクトや研究グループでの活動からもうかがうことができる。同じテーマや課題を持つ人たちが一緒に協力することで、実績や研究成果を挙げていくとい

う、チームやグループで活動を行うという日本留学中の経験が、インドネシア帰国後のキャリアにおいて仕事の仕方やスタイルに活かされていた。

その一方で、インドネシアの官庁での仕事の仕方についての理解と、帰国後の状況に対応した行動も必要である。Pak Dion のように学部から留学したためにインドネシアでの仕事の経験がない場合、11 章で紹介した積極派と同じく、留学中から他のインドネシア人留学生とのネットワークを活用することで、帰国後に備えていたことも明らかになった。Pak Dion は官庁において積極的に自分から声をかけていくことの必要性を学び、帰国後仕事を始めるとそれを行動に移すことで、スムーズに仕事ができていたと言える。

元留学生がインドネシアで仕事をする中、自分の留学経験とともに、インドネシアの所属先の中で置かれた状況において、各自が判断する「日本」のスタイルを活用しながら、キャリアを積んできた様子が明らかになった。

3. 長期的観点からの質的アプローチによる留学生教育研究の重要性

この官庁において 1990 年代から 2000 年代前半にかけて留学を終えた元留学生たちが、近年、帰国後 10 年から 20 年を迎え、この官庁の中でキャリアアップし、仕事のやり方も含めて日本留学組が多数派となっている状況があった。Pak Zainal のように技術職でのキャリアを積んだ元留学生がいる一方で、Pak Hendrik のように管理職でキャリアを積んだ元留学生がいた。また、Pak Dion のように日本の官民関係者と緊密に協力しながら仕事をする元留学生がいた。しかし長期的観点からは、Pak Hendrik が心配していたように、私費による留学が困難な場合、日本留学への奨学金が減少すれば、日本留学者が減少することになる。

留学生制度が国際関係はもとより政治や経済と密接な関係があることは、かなり以前から指摘されてきたことである（Altbach, Kelly, & Lulat, 1985）。勿論今日グローバル化が進む中、高等教育や留学政策などについての議論も盛んである（Altbach, 2007, Altbach & Peterson eds., 2007）。し

かしこれらの研究の多くは国や地域等のマクロレベルであり、留学生個人レベルの研究とは異なる。

　また仮に個人レベルの留学生や元留学生を対象とした調査研究があったとしても、多くは量的アプローチである（佐藤、2010）。複数の国の元留学生を対象とした質問紙調査を行い、日本留学についてある一般的な傾向について明らかにすることはできるだろう。例えば元留学生に「日本留学の評価」についてアンケート調査を行い、量的分析の結果、元留学生は日本留学を評価している傾向があった、と結論づけることは可能だろう。

　しかし、本研究のように質的研究方法であるエスノグラフィックアプローチを通して、留学後について継続的に追跡し、元留学生の立場から日本留学について語ってもらうことを通して見えてくることは、量的研究から見えてくることとは種類も性質も異なる。留学生や元留学生の立場から、日本留学中と留学後のキャリアにおいて、どんな経験をし、それが日本留学の評価にどのようにつながっているのか、具体的に詳しく解明するためには、質的研究が不可欠である。

　本章では日本だけに留学したインドネシア人留学生の帰国後のキャリアに絞り、帰国後の時間が経過していく中で元留学生がどのようなキャリアを送っているのか、その中で博士号や「日本」的仕事の仕方がどのように関係しているかについて、元留学生の語りを通して明らかにした。

IV　おわりに

本章では科学技術系官庁所属の日本留学経験者の語りを通して、元留学生にとっての日本留学、博士号の重要性、「日本」的仕事の仕方について考察を行った。

　本章で紹介した元留学生の場合、正規課程での留学であり、短い場合で博士後期課程3年間、長い場合で学部から博士前期後期課程まで直接進学

すると9年間、加えて日本語予備教育や研究生の期間として1年を入れると、それぞれ4年間から10年間の日本での留学生活を送ったことになる。本研究ではこのように長い年月を留学生として日本で生活し、勉学を行い、研究した経験を持つ元留学生が日本留学を終えて、インドネシアに帰国直後、そして時間が経過する中、どのようなキャリアを積んでいったのか、質的研究であるエスノグラフィックアプローチを通して元留学生の視点からの解明を試みた。

　留学生教育関係者の専門分野や研究方法が益々多様化する中、量的研究、質的研究、それぞれの特徴、メリット、デメリットを正しく認識し、各研究者が自分の専門性を活かした研究を積極的に行うことが、今後の留学生教育研究の発展のために重要であると考える。

　次章では、約20年前の日本留学経験者に加えて、他国留学の経験者や近年の日本留学経験者の声も参考にしながら、改めて日本留学について考える。

注

1　各インフォーマントの職場には Pak Zainal もしくは彼の同僚に案内してもらい、紹介してもらった。これにより各インフォーマントとスムーズにインタビューを行うことができた。
2　この時期のインドネシア政府奨学金制度については5章を参照。
3　日本での仕事の進め方や人間関係について、元留学生が学んだことについて語り、実際に仕事で活用していたが、元留学生が語る日本での仕事の仕方や人間関係ということを明確にするために「日本」とした。

15 改めて日本留学を考える
他国留学や近年の日本留学との比較から

　本章では日本及び他国への留学経験者の語りを通して、留学と帰国後のキャリアとの関係、長期的観点からの留学と高等教育の変化について考察を行う。これまでIV部において日本に留学したインドネシア人元留学生についての近年の追跡研究をもとに、大学教員（13章）と、官庁職員（14章）について検討してきた。本章では、2013年の追跡調査をもとに、日本留学経験者に加えて、他国留学経験者への研究調査も参考にしながら、元留学生の立場から、留学経験、帰国後のキャリアをどのように捉えているかについて検討する。また留学先の高等教育制度やシステムと留学体験や帰国後のキャリアとの関係についても検討する。

I 2013年の追跡調査研究の概要

　3章と重なるところもあるが、改めて本章のベースとなっている追跡研究の概要を述べる。2013年8月17-26日の10日間、中部ジャワの大学にて、大学教員16名を対象としたインタビューを行った。2名が修士号保持者、14名は博士号保持者だった。全員が約25年前の日本でのフィールドワーク時からのインフォーマントを通して紹介を得た日本留学経験者、他国留学経験者であり、留学時期としては、約25年前の留学体験者から最近の帰国者まで含んだ。
　今回の調査では日本留学経験者を中心としつつ、他国留学の経験者へもインタビューを行うことで、留学先としての日本と他国について、特に研

究面での体験と、帰国後の教育研究活動への影響について調べた。

II　元留学生の語る留学生活と帰国後の教育研究活動

以下に4名の大学教員のケースについて、留学時期、研究面についての留学生活、帰国後の教育研究活動について、簡単に紹介する。

1. Pak Dadang：日本での長期間にわたる研究室生活

Pak Dadang は 1998 年インドネシアの大学学部卒業後、大学教員となった。2001 年 10 月に日本政府の奨学金を得て来日、半年間留学先の大学の留学生センターが開講していた日本語集中コースで予備教育を受けた後、2002 年 4 月から 2004 年 3 月まで、日本の大学院博士前期課程、2004 年 4 月から 2007 年 3 月まで同大学院博士後期課程に在籍し、博士号を取得して帰国した。

　Pak Dadang は 1 年目は日本語が話せず苦労したが、2 年目以降は問題なかったと語った。指導教授や他の学生との研究室での生活は良好であり、先輩から優しく教えてもらったことを話した。また Pak Dadang の研究室では博士前期課程以上の学生は全員英語で発表することになっており、英語の原稿についてチェックするなど、学生間で協力していた。研究室当初は 16 名の学生のうち留学生は Pak Dadang のみだった。その後博士後期課程に進学し、Pak Dadang は先輩となり、日本人、留学生を含む後輩を持つようになった。彼は国際学会、他大学や他研究機関において活発な研究活動を行った。

　Pak Dadang は帰国後、積極的に研究費を獲得する努力をしていることについて語った。また、学生への教育指導においてはスケジュールを決めて学生に研究について報告させ、2 週間に 1 回、学生たちと集まって論文を読む活動をしていると話した。

2. Pak Tito のケース：他国留学と日本の博士後期課程（英語コース）に留学

Pak Tito は 1997 年インドネシアの大学学部卒業後、大学教員となった。2002 年から 2004 年にシンガポールの大学院修士課程に在籍した。一旦帰国後、2009 年から 2013 年に日本の大学院博士後期課程（英語コース）に在籍し、博士号を取得して帰国した。2013 年のインタビュー当時、帰国して間もない時期だった。

Pak Tito によると、日本の大学院での博士後期課程在学中、研究指導は准教授と 1 対 1 で毎週行われた。彼は研究テーマの近い学生とはディスカッションしたが、それ以外の学生とはほとんど話さなかったと語った。研究テーマの近い学生は英語ができないし、英語のできる学生は研究テーマが違ったという。毎週セミナーがあったが、発表が回ってくるのは年に 2 回だった。Pak Tito はセミナーについて、英語での発表がある時には出席したが、そうでなければ欠席した。Pak Tito は同国や他国の留学生と昼食を食べるなど、留学生との付き合いが中心だった。

帰国直後の Pak Tito は、自分の研究室で研究する必要があるが、研究するためには研究費申請が必要であるし、所属学科に研究費がないことについて語った。

3. Pak Heri のケース：他国留学と日本の博士後期課程（英語コース）に留学

Pak Heri は 2001 年インドネシアの大学学部卒業後、日本や他国系列の企業で仕事した後、2003 年から大学教員となった。Pak Heri は日本が関係する奨学金プログラムにて 2004 年から 2006 年マレーシアの大学院修士課程に在籍した後、同プログラムにて 2006 年から 2009 年の 3 年間日本の大学院博士後期課程に在籍し、博士号を取得して帰国した。

Pak Heri の奨学金プログラムは博士後期課程を 3 年間で終える必要があり、英語を使うプログラムだった。日本語を勉強する時間はなかった。研

究は指導教授と 1 対 1 で、毎週行われ、英語を使った。Pak Heri は同じ研究室の大学院生や学部生に手伝ってもらいながら、自分の研究を行ったと話した。

　Pak Heri は帰国後、学生への定期的な指導を行うようになった。2 週間に 1 回、論文作成の仕方、研究計画、研究の進捗状況について、学生から報告させ、指導するようになったと語った。また Pak Heri は、日本の研究室での家庭的な雰囲気に満足し評価していることを話し、帰国後、例えば、学生が卒業する際に教員と学生と一緒にパーティするようにしている、と語った。

4. Pak Waloyo のケース：他国の博士課程（英語コース）に留学

Pak Waloyo は 2001 年インドネシアの大学学部卒業後、2001 年から 2003 年オランダ政府の奨学金を得て、オランダの大学院修士課程に在籍し、その後 2004 年から 2007 年まで同大学院博士課程に在籍し、博士号を取得した。2007 年から 2009 年まで同大学にてポストドクターとして過ごし、2009 年インドネシアに帰国、大学教員となった。

　Pak Waloyo によると、オランダでの修士・博士課程はともに英語コースだった。しかし修士・博士時代ともにオランダ語の授業があり、そこでオランダ語を学んだと話した。また博士課程の学生は大学職員の身分があり、職員としての給与、そして別途研究費が支給されていたと語った。週当たりの研究と教育の割合が決まっており、Pak Waloyo も英語での授業を担当した。研究では指導教授から定期的に指導を受け、毎週 1 回 3 時間のディスカッションがあった。また実験については英語のできる技師によるサポート体制があり、英語のマニュアルがあった。

　この他、毎週 1 回 2 時間、20 名程度の研究グループでディスカッションがあり、交代で研究発表を行っていた。グループには教員が 4 名、学生は学部生から大学院生まで含まれていた。昼食は同じ研究分野の人たちと一緒に食堂で食べた。また毎日午前 10 時半と午後 3 時半から 30 分間ずつ、

コーヒーブレイクがあり、共用スペースに集まっていた。義務ではないが Pak Waloyo も誘われ、参加していた。多国籍のメンバーで、研究から政治まで色々な話をした、と語った。

Pak Waloyo は帰国後、授業担当の他に、研究費を申請し、自分の研究室で研究していると語った。

III 考察

これまで4名の大学教員のケースについて、留学時期、留学先での研究生活と環境、帰国後の教育研究活動について、それぞれ簡単に紹介した。これらのケースを踏まえ、元留学生が留学先での体験をどのように捉え、帰国後の教育研究活動にどのように活用しているか、考察していく。

1. 元留学生の語る留学体験と帰国後の活動との関係

これらの事例を通して、留学先での体験をどのように元留学生が捉えているかが明らかになった。また、帰国後の活動を通して留学の影響が見えてきた。帰国後の活動は元留学生である教員が現在置かれた環境や状況によるところがあったが、各元留学生が留学先での体験を踏まえ、教員として学生に対する指導や関係性について、それぞれが判断し行動していた。

オランダに留学していた Pak Waloyo のケースでは、指導教授による研究指導が1対1で行われていたことがわかった。そして実験を行う際のサポートを行う技師の存在とシステムがあるとともに、ゆるやかにつながる研究グループにおいて研究発表やディスカッションが行われ、フォーマルにもインフォーマルにも活動を行うシステムがあったことがわかる。

一方の日本の工学系の大学院での体験について、Pak Dadang のケースから見えてくるのは、まず半年間集中して日本語学習を行った後、研究室での生活が始まり、その後英語と日本語を使いながら体験した研究室での

密度の濃い生活である。教員間、そして学生間の上下関係とともに、その研究室単位での研究や研究以外の活動を含む活動があった。

また、Pak Tito と Pak Heri のケースから、日本の大学院に留学し、英語コースを経た元留学生も近年出てきたことがわかった。更に英語コースにおける多様性も明らかになった。Pak Tito のように指導教員と留学生個人の1対1の指導はあったが、それ以外の日本の学生との関わりがほとんどないまま留学生活を送ったケースもあった。また Pak Tito の語るセミナーの様子から、英語コースとは言え、全てが英語の環境ではなく、セミナーも発表者により英語もしくは日本語を使用していたことがわかった。

その一方で、Pak Heri のように、英語コースであっても、研究室内の良好な人間関係を体験し、評価する元留学生もいた。このことから留学生の体験には、使用言語やコースにかかわらず、留学生が所属する研究室における具体的な人間関係や経験など様々な要因が関係することがわかった。

元留学生はそれぞれが留学中の教育研究に関わる体験をベースに、帰国後の大学において教員としての教育研究指導を行っていた。

2. 元留学生の立場からの留学先と帰国後のキャリアとの関係

これまでのケースを踏まえて考えると、大学教員の場合、学生指導や教育の面で留学先の影響の大きいことがわかった。教員個人として学生の研究指導のルーティン化を目指し、研究室のシステム導入に意欲的であるのは、日本でその体験を持ち、肯定的に評価している元留学生だった。

以下に大学教員の中で、研究室文化を体験した日本留学経験者の語る研究室システムとして、インドネシアの大学になく、元留学生が活用しようとするものをまとめてみた。

・学生間で教え合い、助け合う関係。
・指導教授がテーマを渡し、その研究の進捗状況を定期的にモニターし研究を進める。

・学生は研究費や実験費を払わない。
・定期的なミーティング、研究の報告。
・学生のスペース。
・家族的な雰囲気、歓迎会、送別会。

　これらは元留学生が日本留学中に体験した研究室システムの中で評価したものについて、インドネシアの大学に帰国後、自分の所属学科、また教員個人として、置かれた立場と環境の中で、可能なところについて取り入れる努力をしていたものである。

　大学教員のキャリアにおいて、留学中（大学院生）の立場と、帰国後（大学教員として学生を指導する）の立場が、大学という環境において密接に関係している。また、日本留学の体験からポジティブに評価する面について、大学教員として取り入れようとする意欲を持ち、努力する元留学生のケースは、日本留学の長期的なインパクトを考える上でも、留学とキャリアの関係を考える上でも、重要である。

　このように元留学生が留学中の体験について、理解し、感じ、評価したことが肯定的であり、帰国後の環境において関連する場合、積極的に関係する形で言動や行動に見られることがわかった。

3. 留学先の高等教育制度やシステムと留学体験、帰国後のキャリアとの関係

2010年代前半インドネシア人元留学生についての追跡研究を通して、近年の留学の変化を認識することになった。グローバル化、変化する高等教育の中での留学の多様化が進んでいる。

　筆者がA大学にてフィールドワークを行った1990年代の大学院留学の場合、当初研究生として半年間日本語集中コースにて日本語を集中的に学習した後、各専門の研究科に進学し、博士前期課程2年間、博士後期課程3年間、順調に進んだとしても約6年間にわたる長期間の留学だった。学

部からの場合、それに4年間を加えて、合計で約10年間の留学となった。本章ではこれら長期間にわたる留学において、留学先について学び、日本の大学における研究室文化を総合的に体験したこのタイプを「従来型」の大学院留学と呼ぶ。

　一方で、近年の変化の中で顕著なことの一つとして、「英語コース」による正規課程にて学位取得を目指す留学である。このことは本研究において、英語コース修了の留学生が近年帰国しているケースからも明らかになった。これに伴い、学位取得を目指す正規課程について、日本での留学の生活の期間や内容が変化し、研究室や人間関係も含めて、留学が多様化していることがわかる。

　また本研究を通して、言語による違いだけで簡単に分類できるわけではないこともわかった。Pak Heri のように英語コースであっても、所謂「従来型」の研究室文化に近い体験したケースがあった。言語にかかわらず、各留学生が所属した各研究室においてどのような体験をしたか、どのような人間関係を持ったか、それらをどのように捉えたか、ということが関係していた。

　それでも、「従来型」と「英語コース」による日本留学が同じであるとは言えない。来日後まず研究生として日本語を学習し、大学院博士課程を含めて順調でも約6年、学部からの場合は約10年という長期にわたり日本で生活して体験する「従来型」の留学経験者と、博士後期課程3年間の「英語コース」の日本留学経験者では、研究室内だけでなく、その他学内や学外の生活、留学期間を含めて大きな違いがあり、日本における留学体験の種類や質が異なる。

IV　おわりに

本章では、長期的観点から留学とキャリアの関係について検討してきた

が、大学教員の場合、留学前、留学中と留学後の環境の類似性が大きく、また留学体験の評価が、留学後のキャリアにおける意欲や積極性に影響していることがわかった。更に、グローバル化に伴う高等教育の変化、日本において英語コースの正規課程の設置等により、これまで以上に留学が多様化していることがわかった。

　留学の多様化が進む中、これまで以上に留学生についての丁寧な研究が必要となる。研究者は自分が対象とするテーマや対象者について明確にした上で研究することが必要である。また長期的観点から、高等教育の変化や留学の変化がもたらす影響について検討することも必要である。

　次のⅤ部では、これまでの留学生の世界と元留学生の世界を描くことを通して見えてきた、これからの日本の高等教育の課題と展望について検討する。

Ⅴ部

留学生、元留学生の見た世界から
日本の高等教育を考える

16 留学生教育研究と大学における教育の国際化
博士号の問題から

本章では、留学生に関わる博士号の問題から大学の教育の国際化、これらに関係する問題について、2000年代までの状況を中心に検討する。

I はじめに

日本の大学において、留学生に関わる問題は大学の国際化とも関連し、常に重要なテーマとなってきた。本章では、これまでの留学生教育研究を踏まえて、日本の大学における国際化、特に教育の国際化の課題を検討する。その中で、具体的な問題として日本の大学院の博士号の学位について検討していく。日本の大学における博士号の学位をめぐる状況について、関連文献を通して、その歴史を振り返るとともに、今日の大学院教育と学位の問題を検討する。そして、留学生教育研究と日本の大学における教育の国際化の課題と方向性について検討する。

II 日本の大学における学位をめぐる状況

1. 日本の大学が研究中心となった歴史

日本の大学は明治時代にヨーロッパの高等教育の仕組みをモデルとして作られた（有本、2005a; 喜多村、1987）。ヨーロッパにおいては12、13世紀の大学発祥以後、数世紀にわたり教育を行うところとして大学は存在

していた。その歴史の上に、18世紀後半になって初めて研究という要素が加わった。その18世紀後半に、日本は高等教育制度を輸入した（有本、2005a）。すなわち日本が輸入したのは研究中心をモデルとした18世紀後半のヨーロッパの高等教育機関だった。

　第二次世界大戦後、米国の占領下に置かれた日本は高等教育についても米国の学部と大学院制度をモデルにしようとした。しかし日本側と占領軍側の利害関係が複雑に絡み、高等教育制度の抜本的な改革とはならなかった（土持、2006）。そして以前にヨーロッパから輸入されていた研究中心の大学が戦後も日本の大学制度に大きな影響を与え続けた（有本・江原編著、1996）。

2. 日本の学位制度の歴史

日本の学位制度の歴史は日本の高等教育の歴史とも密接に関係している。寺崎（2006）は大学院と密接に関係する学位制度の歴史について、1793年以来今日までの変遷をVII期に分けてたどっている。寺崎はこの中で、特に第II期1898-1919年の「国家原理後期」における博士号の「功績顕賞のための栄称」的な性格が「戦後の博士学位の一部に強く残り、文学、法学、経済学等の伝統的文科系ディシプリンにおける「出し渋り」と」なったとしている（p. 249）。

　その後、新制学位制度と新制大学院制度が発足した第IV期（1953-1974年）において、修士号が導入され、その後、「工・理・農等の分野では、修士学位は事実上学士称号に密接に接続するような形で「大衆化」され課程修了証明としての性格をいよいよ強めた」（寺崎、2006、p. 254）。また、博士学位はその後、「工・理・農・薬等の分野では」「課程修了証明あるいは教授資格として機能し、のちになるにつれて専門職業資格としての性格も帯びてくるようになった。しかし法・文・経等の分野では、なおII期、III期の顕賞的性格、栄称的性格を強く持つものと考えられ、授与数はきわめて少なく、大学院のスクーリング化にもかかわらず、課程修了証明とし

ての性格はきわめて弱かった。」と寺崎は述べている（p. 254）。

その後の変革はV期の1974年の大学院設置基準の中に博士要件として「研究者としての自立」が挙がり、「学術博士」が新設され、「博士学位が急速に出やすく」なったことだった（寺崎、2006、p. 254）。

潮木（1999）も1920年以降、学位が専門分野間で相違してきたことについて説明し、その影響が今日まで及んでいることを述べている。理工系や医農学系においては80%が5年間で博士号を取得するのに対し、当時のデータで人文系で2%、社会科学系で6%が5年間で取得していたとしている（p. 415）。

また潮木（1999）は人文・社会科学系において、博士学位が大学教員となる条件となっておらず、修士が研究者になるための資格となり、そのためにすぐれた修士論文を書く必要がある状況についても述べている（p. 420）。

この他、戦後日本の高等教育改革を研究した土持（2006）は、「論文博士」の制度を残すか否かの検討をめぐる動きを通して、新制大学院改革の挫折を振り返っている（pp. 271-311）。

3. 日本の大学院制度の歴史

潮木（1999）は日本の大学院制度と学位について歴史的に振り返る中で、日本の学位制度は大学院制度と「十分結び付けられていなかった」ことを指摘している（p. 412）。また、潮木は研究者養成を行うのが大学院ではなく、助手制度であったことも指摘し、これまで助手制度を通じた徒弟制度的な研究者養成で対応できたのは、大学教授市場が小さかったからである、と述べている（p. 416）。

更に潮木（1999）は、理工系の博士課程について「専門のジャーナルに採用される質と量をそなえた論文数本」と学部生などの指導もできることとなっており、「研究室の研究上の生産性は指導教授ばかりでなく、博士課程院生の質と量に依存する場合が多い」と述べている（p. 421）。

一方で人文・社会科学系の博士課程について潮木は、「不明確でさまざまな問題があり、水準がはっきりしないもしくは高すぎる」と述べている（p. 421）。1987年時点でも人文系の86%、社会科学系の78%が博士学位をとらずに修了していた。博士論文執筆よりも学会発表と論文執筆を通して「ポスト獲得の機会を増やす」ことが重要だったとしている（p. 422）。

　また潮木（1999）は雇用との関係からも理工系と人文・社会科学系について述べている。理工系の博士課程の完了率が高いのは、人文・社会科学系よりも「訓練方式」が「組織立てられている」からとしている（p. 423）。一方で人文・社会科学系においては、博士課程の通常の期間内に論文完成まで至らず、その78%までが、「論文博士」で学位を得ている、と指摘している（p. 423）。大学院生が「大学院に在籍して助手か講師の職がくるのを待機している」こと、そして「博士号が決定的な分かれ目でなく、研究職に就くための最初のステップになっていない」ことも指摘している（p. 424）。

　この他、川嶋・丸山（1999）は日本の大学院教育及び学位が専門分野により異なる状況について、具体的に工学、物理学、経済学、歴史学について取り上げ、学問分野の特徴、大学院教育の型や過程、卒業後の雇用も含めて、それぞれ比較しながら述べている。工学、物理学において体系的教育システムがあるのに対し、人文・社会科学系では院生は個人で独立的研究を行っていることも述べている（p. 466）。川嶋と丸山は、学問分野の比較を通して、日本の大学院の問題について「弱いインプットとアウトプットの悪循環に陥っている」とし、近年の様々な大学院改革が「この悪循環を断ち切って、大学院を魅力あるものにし、教育が充実し、就職がよくなるかどうかは、多少の時間が必要である。」としている（p. 468）。

III　近年の日本の学位と大学院をめぐる状況と課題

これまで見てきたように、日本の学位と大学院制度は、海外の高等教育制度の影響もある中、日本独自の歴史を持ち、今日の新たな状況のもとで多くの課題を抱えている。以下、主なものについて、それぞれ簡単に説明していく。

1. 博士学位取得の状況

まず近年の博士学位取得の状況について把握しておきたい。博士号授与率について 1991 年度と 2002 年度について比較したデータ（中央教育審議会、2005b）によると、授与率は論文博士も含めて、1991 年度は 64.5%、2002 年度は 67.3% となっている。更にその後のデータでは、2006 年度 68.8%、2007 年度 70.1%、2008 年度 69.8% となっている（中央教育審議会、2011）。学位授与率の増加率の最も高いのは人文系で 1991 年度の 4.7% から 2002 年度の 27% で、5.7 倍に上がっている（中央教育審議会、2005b）。その後のデータでは人文系は 2008 年度に 42.4% となっている（中央教育審議会、2011）。

なお、これらの数値には論文博士での博士号取得者数も含まれている。全体の博士号取得者のうち、論文博士の占める割合は人文系で 1991 年度は 74% だったのが 2002 年度は 38% となったとしている。工学系では 53%（1991 年度）から 24%（2002 年度）となっている（中央教育審議会、2005b）。

また留学生の学位取得の状況については、2004 年度において留学生の 47.4% が博士号を取得し、専攻分野別では 1 位は保健 79.7% で、2 位農学 66.3%、3 位工学系 46.4%、人文系は 21.6%、社会科学系は 32.4% が取得したとなっている（文部科学省高等教育局学生支援課、2006）。その後の 2013 年度のデータでは、留学生の 52.4% が博士号を取得し、分野別では 1 位保健 70.5%、2 位農学 66.8%、3 位理学系 63%、4 位工学系 62.5%、

また人文系は 22.4%、社会科学系 23.4% となっている（独立行政法人日本学生支援機構、2016a）。

2. 大学院の量的拡大の状況

寺崎（2006）は大学院をめぐる状況についても述べる中、1998年の大学審議会答申において2010年には大学院生が24万9千人になるとの予測に触れ、今後大学院が量的拡大されていくことを指摘している。その中で大学院生の構成について「社会人および留学生に開放しなければこの数字にならない」と述べている（p. 224）。そして社会人と留学生だけでなく「専門職業の現職者に広がる」として、「従来の大学院像そのものが、研究者養成というような狭い枠に収まらないものになりかかっている」とし、「それに対して大学はどう準備しておけば良いか」と問題提起している。

学校基本調査をもとにした文部科学省のデータでは、実際にはこの予測よりも早いペースで大学院生数が増加していたことがわかる。大学院在学者数総数で1991年に98,650名だったのが、2000年には205,311名となり、9年間で2倍超になっている。そして2004年にはすでに244,024名となっている（中央教育審議会、2005b）。また、大学院への入学者数のうち、社会人入学者数は修士課程においては、1993年から2003年の間に2.7倍となったのに対し、博士後期課程については1993年から2003年の間に3.7倍となり、全体の約2割が社会人入学者となっている（中央教育審議会、2005b）。

その後のデータによると、1991年から2014年の間に大学院数が1.9倍となり、大学院生数が2.5倍となったとしている（中央教育審議会大学分科会、2015）。しかしながら、大学院生数は2011年をピークに減少傾向にあると指摘されている（中央教育審議会大学分科会、2015、p. 4）。

3. 大学院の量的拡大と雇用の問題

このような大学院の量的拡大に伴い、大学院卒業後の雇用の問題について

も議論されている。山野井編著（2007）は大学教授市場について歴史から今日の状況まで詳しく振り返るとともに、今日の大学教授市場と博士課程卒業者や就職先などとの関係などについても多角的に分析している。

その中で山野井編著（2007）はオーバードクターの問題について過去に深刻化した時期とそれに伴う議論についても振り返った上で、分析している。山野井は全体として「1990年代に大学教員として就職する者の比率が大きく低下」したことを指摘し（p. 159）、また「1990年代-2000年代初めの博士卒無業者数増加は卒業者数増加による」(p. 162)としている[1]。

また中央教育審議会（2011）は、大学院教育を取り巻く情勢について分析する中で、企業研究者に占める博士号取得者の割合を2006年の国際比較のデータにおいて日本が4%以下の数値であることを示し、産業界へのキャリアパスが十分でないことを指摘している。

4. 大学院の変化と大学教授市場の変化

大学院の量的拡大について社会人と留学生に頼らなければ達成できないとした寺崎（2006）は、今後「大学院は国際化し、生涯学習機関化していくことは避けられない」とし、この変化そのものへの洞察の必要性を指摘している（pp. 231-232）。大学院における段階論、論文執筆へのステップや順次性の課題についても述べ、「研究活動のサポートをするコミュニティ」としてのアメリカの大学院の例を挙げながら、モデルとしてアメリカの大学院で勉強したり、教えた人たちから具体的な部分を学ぶべきとしている（pp. 234-236）。

また山野井編著（2007）は、大学教授市場の変化についても分析している[2]。日本の大学の教員全体において、外国大学出身者の占める割合が、1981年には9位で2.8%だったのが、2001年には1位の東京大学11.4%、2位京都大学7.6%についで3位6.9%となっている（p. 221）。学部の大分類によると、2001年には文学部で外国大学出身が1位15.0%、2位東京大学12.0%、経済学部でも外国大学出身が1位9.6%、2位東京大学8.8%と

なっている他、法学部でも 1 位東京大学 15.8％、2 位早稲田大学 10.4％、3 位京都大学 9.1％ に続き、4 位が外国大学出身の 7.1％ となっている[3]。これらのデータをもとに、山野井編著（2007）は大学教授市場が 20 年間で「国際性と開放性を増加した」(p. 235) と捉えている。

5. 課程博士と論文博士の問題

第二次世界大戦後の高等教育改革において解決しなかった論文博士の問題は今日まで続いている（天野、2006; 土持、2006）。中央教育審議会は大学院教育についての答申（中央教育審議会、2005b）において「国際的に魅力ある大学院教育の構築に向けて」と副題にもあるように、国際的な通用性、信頼性の向上を目指し、大学院教育の質の確保の重要性について議論している。その中の諸条件の一つとして、課程制大学院の制度定着の促進が重要な課題として取り上げられ、博士号の学位授与システムの整備の必要性が議論されている。

　この答申においては「満期退学」や「単位取得後退学」などの「制度的な裏づけがあるかのような評価」の例にも言及され、「課程制大学院制度の本来の趣旨にかんがみると適切ではない」と指摘している。論文博士を将来的には廃止する方向で検討すべきという意見も出されていることにも言及している。その一方で、今日までこの制度が続いてきた経緯を考慮しながら、論文博士のあり方について検討していくことの必要性を述べている（中央教育審議会、2005b）。

6. 今日まで続く大学院制度改革の「迷走と混迷」

寺崎（2006）は学位制度の変遷の中で「VII 期の高度専門職業人養成大学院の制度化とそれに応じた学位制度改革の動向」についても述べている。2002 年の中央教育審議会答申において「大学院における高度専門職業人の養成について」が出され、法科大学院が設置された。更に複雑となった大学院・学位制度の中で、寺崎は「①学位を課程修了証明と見る場合、②

学位の要求水準から見る場合」から述べて、「いったい「修士」とか「博士」とかは何ものなのか」と問題提起をしている（pp. 255-256）。

　天野（2006）も戦後の大学院改革が中途半端となった歴史を振り返るとともに、「大学院の政策の混迷」について議論しているが、「社会的ニーズの低調さとかかわりなく、文部省は国際比較の数字や留学生の受け入れ、将来の人材需要などを理由に、規模拡大を開放化・弾力化と並ぶ大学院政策の重要な柱としてきた」（p. 128）と指摘している。

　更に天野（2006）は大学院での教育の目的は基本的に「(1) 大学教員、(2) 研究者、(3) 専門職業人の三種の人材を育成すること」であるとした上で、「この三種の人材養成の目的の違いや相互の関係が、制度的にもまた直接の関係者の間でも、十分自覚的に認識されてこなかったところに、迷走と混迷の最大の理由があると思われる」（p. 134）と大学院の問題を分析している。

　これまでの日本の大学における学位と大学院の歴史及び今日の状況を踏まえて、学位の問題を日本の大学における教育の国際化との関係で検討していく。

IV　考察　日本の大学における教育の国際化と学位

1. 教育の国際化と学位の問題の捉え方

日本の大学の国際化における教育の問題に焦点を当てたもの中には、前述の通り1980年代からすでに大学院教育や学位の問題について指摘していたものがあった（喜多村、1987）。しかしこの問題は大学全体もしくは大学教育全体の議論へと結びついてこなかった。それはなぜだろうか？

　これまで見てきたように理工系の大学院教育は20世紀後半において制度化され、資格としての博士号取得が基本的に年限内に可能となったとされている。このことを考えると、少なくとも理工系においては、博士課程

の制度が比較的機能していたと言える。

　それでは人文・社会科学系はどうだったのだろうか？　この問題はすでに井門・喜多村（1984）が教育の国際化の課題の中で、文科系の博士学位の問題を指摘し、「日本人にとっても外国人留学生にとっても等しく」問題であり、通常の課程の期間に「留年や論文作成期間を足した7-8年の間に学位をとる者がほとんど現れない」文科系分野は「いかにも異常」であると述べている（p. 151）。

　この文科系の学位の問題は、留学生に特化した問題というよりは、一般学生にとっても同様の問題だったことになる。

2. 日本の大学教員にとっての学位

日本の大学の人文・社会科学系において学位取得が大きな問題とならなかった大きな要因の一つとして考えられるのは、これまで博士号が取得できないことが問題と認識されてこなかったことが考えられる。寺崎（2006）や潮木（1999）が指摘していた通り、これまでの一般の大学院生の主な就職先であった大学教授市場において、修士号取得は不可欠であっても、博士号取得は不可欠でなく、博士号なしで大学への就職、そして昇進が行われていたとすると、その状況が続いていれば、少なくとも日本にとどまる一般学生にとって大きな問題となることはなかった可能性がある。

　大学教員にとって、修士号や修士論文は重要であっても、博士号が就職や昇進とは無関係であれば、博士号取得が大きな問題になることはない。そして、博士号取得のプロセスの明示や年限内取得への指導の必要性を認識することもない。

　この問題は論文博士の問題とも関係している。論文博士制度が持続される中、論文博士の意味や価値も継続されることになる。そして博士課程修了時に博士号が取れなくても論文博士で取れば良い、もしくは論文博士のほうが博士号として価値がある、という判断を自分にも周りにもしてしまう可能性がある。

3. 学生の立場からの大学院と学位

しかし、この問題は、就職に博士号が必要な大学院生、資格としての博士号が必要な、留学生を含むすべての学生にとって深刻である。今日大学院が拡大してきた状況は、現在の多くの大学教員が大学院生であった時代、例えば潮木（1999）にあったように人文・社会科学系において修士号が教員となるために重要であり、博士号は就職と関係していなかったかつての時代とは異なる。

大学院生にとって博士号がキャリアのスタートに不可欠な資格となっていて、学位取得を目指して入学する学生に対して、大学院は学位取得までのプロセスや条件を明確に示さず、課程期間内に学位取得まで至らないのが当然という態度でいると、日本において大学院離れへとつながる。その一方で定員充足率[4]への圧力が強まる中で、どのような状況が生じるか想像に難くない。

そして学生の立場からは、この問題と密接に関係する大学院生の卒業後の雇用との関係についても真剣に検討しなければならない。前述の通り、日本の大学教授市場が小さくそこへの就職者数も少なかった時代と、今日の大学院の量的拡大とそれに伴う大学院卒業者増の状況とは異なる。前述の通り、過去10年で大学院在学生数が2倍以上になっている状況の中で、大学院卒業者に対する雇用市場まで十分考えた上での政策であるか、将来も含めて改めて検討する必要がある。

4. 大学と大学教員の責任

また大学院制度を整備し、課程のプロセスと学位取得の条件を明確にする責任は大学にある。博士課程制度の整備に関して中央教育審議会の答申にあったように「大学教員の意識改革の促進」も必要である（中央教育審議会、2005b）。ここで一つの参考となるのは、日本以外の大学を卒業した大学教員の存在である。前述の通り、山野井編著（2007）は大学教授市場の現在について大学教員のデータを使って分析し、大学教授市場が20年間

で「国際性と開放性を増加した」(p. 235) と捉えている。

　しかし、別の観点からは、特に人文・社会科学系の専門分野においては、歴史的な経緯もあり、日本の大学院では博士号取得が困難であることから、海外の大学院での取得者が多い、という考え方もあるのではないだろうか。海外の大学院で博士号を取得した大学教員の中には海外留学をもともと目指した人もいれば、日本の大学院では学位を取れないということから、留学した人もいる可能性がある。

　もしそうであるとすると、論文博士制度の他に、海外の大学院で博士号が取得できれば良いということでは、日本の大学院と学位の根本的な問題は解決されず、制度やシステムの抜本的改革にはつながらない。仮に大学教授市場の国際性が増加したと言えたとしても、日本の大学自体の国際化が進展したとは言い難い。

　日本の大学教員においてこれだけ外国大学出身者が増えているということであれば、国籍を問わず海外の大学の大学院で学び学位を取得した人々の経験も参考にしながら、日本の大学教育及び大学院教育の整備について、国際的な観点から検討し、もしまだであれば、課程内での学位取得に至るプロセスや条件を明示し、実際に学生を指導していく責任と体制を持ったシステムを考えていく必要がある。

　確かに日本の大学をめぐる状況は、特に 1990 年代以降変化を見せている。18 歳人口減など高等教育機関を巡る状況の変化、文部科学省の諮問を受けた大学審議会（1998, 2000）や中央教育審議会（2005a, b）などにおける答申を通して、大学及び大学院における教育への関心が高まり、プレッシャーも高まっている。その中に FD（ファカルティ・ディベロプメント）の義務化がある。

5. FD と大学院教育・学位の問題との接点

これまでの日本の大学における FD の主たる関心事は、いわゆる狭義のとしての教授法に留まるところが多く、広義の FD としての教育制度やカリ

キュラムやプログラムへの改善へはなかなかつながってこなかった(有川、2007; 有本、2005a; 寺崎、2006)。しかし、教授法といった狭義の FD ではなく、もっと広く FD を捉えることで、大学院教育を始め、学位の問題にも直結させることができる。

　大学院の課程がそれぞれどのようなプログラムを持ち、どのようなカリキュラムを持つのか、そして学生はどのようなプロセスを経て、学位取得まで至るのか、そのことを学生の立場から考えて整備したり、改善していくことが必要である。そしてこのことは FD 活動の一つと捉えることができる。そうすると、今日広く言葉が知られるようになった FD と学位と大学院教育を直結させて、より包括的に大学院教育を考えることができる。

　大学院教育や学位の問題を FD と引き続き関連づけていくとすれば、FD の研究調査の中に組み込んでいくことも可能である。例えば海外の大学での FD 関連の調査の中に、大学院研究科の具体的なカリキュラムやプログラム、そして学位取得のプロセスや条件などのシステムについての調査も加える方法もある。これらを通して、広義の FD と日本の学位と大学院制度の改善とを結びつけていくことができる。

6. 大学全体としての取り組みの重要性

前項において大学院教育を FD との関連で検討してきたように、これからの日本の大学においては、大学院制度の改善、学位制度の改善、国際化、それぞれを別個に目指すというよりは、むしろ学位制度の改革を大学院教育、そして大学の国際化を目指す取り組み全体の中で行う必要がある。この観点からは、大学における広義の FD の中で、関連する分野や組織との連携も含めて改善することが必要である。逆にそうでなければ、学位、大学院、FD、国際化、それぞれ個別に改善を行おうとしても限界がある。

　日本の大学において、大学を取り巻く国際社会や卒業者の雇用やキャリアも含めた観点からの大学院制度と学位制度が整備されないと、留学生も一般学生も教育や学位の制度が整備されている他国の大学院や大学院以外

の道を選ぶことになる可能性がある。

7. 近年の動き

本章では歴史的観点から2000年代前半までのものが中心であることから、その後の動きについてここで簡単に触れておきたい。大学や大学院において前述した問題を含め検討され、「学位授与の方針（ディプロマ・ポリシー）、教育課程の編成・実施の方針（カリキュラム・ポリシー）、入学者受入の方針（アドミッションポリシー）」として、定められるようになった、とされている（中央教育審議会大学分科会、2015、p. 4）。

また中央教育審議会（2011）は『グローバル化社会の大学院教育～世界の多様な分野で大学院修了者が活躍するために～』をまとめた。その中で、大学院教育の実質化についての検証結果を踏まえ、今後の大学院教育の改善の方向性と方策について具体的に述べている。更に中央教育審議会大学分科会（2015）が『未来を牽引する大学院教育改革～社会と協働した「知のプロフェッショナル」の育成～』をまとめている。その中で「博士課程教育リーディング大学院プログラム」等を含め、これまでの大学院改革の進展を振り返り、大学院重点化20年後の課題を明らかにし、更なる大学院改革を推進する方向性を明らかにしている。

更に天野（2013）は、20世紀後半から21世紀初めにかけて行われてきた各種の日本の大学改革の取り組みについて、歴史的観点を取り入れながら改めて振り返り、大学院教育を含め、これからの諸課題について議論している。

V 留学生教育研究者と大学教育の国際化の課題と方向性

これまでの議論を踏まえ、改めて留学生教育研究と教育の国際化の課題について検討していきたい。留学生教育研究者は大学の国際化、特に教育の

国際化にどのような関係があり、どのような役割があるのだろうか？

1. ミクロレベルの視点とマクロレベルの視点の有機的な関係性の構築

まず近年の大学教育への関心の高まりの中には、留学生の抱える問題に関連し共通する問題があることを認識し、留学生教育研究者もこれまで以上に、国際的観点から大学全体の教育に関係する動きに積極的に関わる必要があると考える。

留学生教育研究者が留学生のミクロレベルでの研究を通して明らかにした問題の中に、マクロレベルに関わる事柄、大学教育、システムや政策などが関わる問題、更にはそれが国家の政策とも関係している問題がある。例えば、留学生の母国と留学先における学位をめぐる状況の違いを明らかにすることができる。そして留学生のライフコースの中での重要な学位取得目的の留学であることや、ホスト大学において学位に関して留学生の抱える問題を明らかにすることができる。そのことを通して、留学生個人レベルでの問題が、よりマクロレベルでの学位制度を始め、大学や国家の教育制度やシステム、そこに関わる歴史、社会、文化、経済的要因や、国際的な関係などとも密接に関係していることを明らかにすることができる。そしてマクロレベルでの大学の教育の問題と留学生個人レベルでの問題について、レベル間での相互作用や関係性も含めて整理し、課題を明確にすることができる。

2. 学生という視点からスタートすること

また、留学生教育研究者も、留学生を一般学生と同じ学生として捉えたときに見えてくる課題にも関心を持つことも大事である。留学生の立場について適切に把握しながらも、大学の根幹の一つである教育の問題について、留学生と一般学生を含む学生の立場から考えていくことが必要である。ただしこのことは留学生と一般学生を単に同じに扱えばいい、ということでは決してない。基本は大学で学ぶ学生として捉え、その上で、それ

それの立場やバックグラウンドで異なる事情やニーズに対応すること、すなわち留学生、一般学生を含め、大学で学ぶ多様な学生への教育とサポートが必要である。

例えば学位の問題については、これまでも留学生の問題の中では捉えられてきたが、今日の大学院生の置かれた状況を考えると、留学生は勿論、一般学生の問題でもあり、全ての学生に関わる問題であることが見えてくる。

3. 留学生教育研究を取り巻く大きなコンテクストの中で取り組むこと

そして留学生教育研究者も、留学生に直接関わる問題だけでなく、留学生を取り巻く重要なコンテクストとしての大学の国際化、教育の国際化についての議論に関わり、大学全体の国際化の中で貢献していく必要がある。留学生の状況や、大学を巡る状況は、その時代の国際情勢や国内情勢を含めて、変化していくものもある。例えば近年の大学教育や大学院教育に対する関心の高まりは、1980年代もしくはそれ以前の状況とは明らかに異なる。

歴史的な背景も踏まえた上で、大学を取り巻く環境及びその時代の状況について的確に把握することが必要である。そして、留学生に関わるミクロレベルの問題とマクロレベルの問題が密接に関係している場合、これらの関連性について明らかにして、問題提起を行ったり、方向性を提言することも必要である。

引き続き学位を例にして考えると、留学生教育研究者たちが大学教育や大学関係者と連携して、学位制度の具体的なプロセスや条件の整備、またそれに関わる大学の環境について、学生の立場から、そして国際的観点から改善することに貢献できれば、そのことは、今後日本の大学で学ぶ留学生個人にとっての留学の環境が改善することにつながる。留学生の具体的な留学体験の中で、学位取得のプロセス、そして目標までの道のり及び条件が明確となり、その過程においては大変ながらも、明確なプロセスや条

件をクリアすることで、学位取得に到達できることが実感として得られれば、留学生個人レベルでの留学体験としても改善するとともに、よりマクロレベルでは日本の大学が国際的に魅力のある留学先となっていく可能性がある。

VI おわりに

　大学は教育と研究と社会貢献を行うところである。留学生教育研究を行う場合、留学生の抱える問題を明らかにすることも勿論重要である。しかしそれだけに留まらず、留学生をめぐるミクロレベルとマクロレベルでの問題の関係性についても注目し、留学生を対象とした研究を踏まえて、大学全体の体制やシステムなどについても問題意識を持ち、積極的に関わっていくことも必要だと考える。

　これまでの留学生を対象とした研究だけでなく、より大きな枠組みの中で留学生に関わる問題を意識しながら、例えば大学の国際化との関連から留学生教育研究を続けることを通して、留学生についての研究、大学の国際化、もしくは高等教育の研究、とそれぞれ別々に行われてきた研究の関連性を明らかにし、議論を深めることで、留学生教育研究、大学の国際化、高等教育、すべてに関連する研究を発展させていくことができる。この方向性はグローバル化が進んでいく日本の高等教育に関わる全ての関係者にとって必要であると考える。

　次章では、これまでの留学生の世界、元留学生の世界についての研究とともに本章での議論を踏まえ、これからの日本の高等教育を考える。

注
1　大学等教員となった博士課程卒業者の割合は 1980 年 32.3%、2000 年 15.2%、2005

年 14.8% となっている（山野井編著、2007、p. 159）。また 2005 年の大学教員も含めた就職者合計は 57.2%、無業者 30-38% となっている（同上）。

2　山野井編著（2007）は全国大学職員録の 1982 年と 2001 年版にある講師以上の教員についてのデータをもとにしている。2001 年のデータでは外国大学卒業の国籍は日本人が 5,245 名で 7 割を占め、4 名に 1 名が女性、Ph.D. 取得者は日本人 32%、外国人 23%、そして Ph.D. の 56% が人文・社会科学系の学部であるとしている（p. 220）。

3　この他、教育学、理学、工学、農学でも外国大学出身者がベスト 10 に入っていると指摘している（山野井編著、2007、p. 222）。

4　全国学校一覧・学校基本調査に基づく大学院の定員充足率は、修士課程においては 100% を超えているが、博士課程については平均すると、80% 前後となっている（中央審議会、2005b）。

17 これからの日本の高等教育を考える
留学生の見た世界と元留学生の見た世界から

本章では、これまでの研究を踏まえ、日本の高等教育のこれからの課題と展望について考えてみたい。

I 留学の多様化と大学との関係

これまでの約20年間のインドネシア人留学生の世界、元留学生の世界についての研究を通して、マクロレベルの留学政策や留学制度、その変化と、ミクロレベルの留学生個人レベルの体験とが相互に密接に関係していることが見えてきた。また近年の大学や大学院におけるコースやプログラムの多様化に伴う、留学生の多様化、留学体験の多様化が進んでいることもわかってきた。

本書に登場するインドネシア人留学生、元留学生にとって、日本留学、留学がもたらしたものは大きい。13章で紹介したように特に大学院レベルで「従来型」の研究室文化を体験した元留学生は、約20年後のキャリアにおいて、例えば、学生が学び合うこと、研究指導のシステムなど、日本留学の中から肯定的に評価した活動について、積極的に活用していた。

その一方で近年の英語コース導入により、留学体験の多様化が進んでいることもわかった。15章で紹介したように、既にこれらのコースを経験した元留学生が帰国している。Pak Heri のように英語コースではあったが、研究室における体験を肯定的に捉える元留学生がいる一方で、Pak Tito のように指導教員と他の留学生との関係に限られた留学生活を送った

元留学生がいた。

　ここからは英語コース導入に伴い重要となり得る問題をいくつか挙げてみたい。例えばその英語コースは他の専攻やコース等から完全に独立し、英語コースの留学生だけの研究室生活を送るのだろうか？　それとも他のコースの大学院生と同じ研究室に所属し、一緒に生活を送るのだろうか？

　後者の場合、使用言語はどうなるのだろうか？　日本語能力の必要性や日本語学習の位置づけはどうだろうか？　また英語コースの入学基準、修了基準、カリキュラム等について、他のコースとは完全に別に行われるのだろうか？　これら英語コースに関わる教職員はどのような身分や立場の人なのだろうか？　更にこれら英語コースに関わる予算はどうなのだろうか？

　これらはごく一部であるが、英語コースが大学や大学院全体に関係することは多い。英語コースの体制やシステム、また実際に英語コースに関わる教職員や周りの学生等により、留学生が留学中に日々体験する世界が変わっていく。

　国の政策等の影響を受けながら、大学において留学生を対象としたものを含め色々なプログラムやコースが生まれている。これらは日本の大学のグローバル化のため、留学生が日本の大学や大学院に留学しやすくするため、などの目的のために重要であるとされている。

　しかしながらどういうものであれ、教育プログラムを立ち上げる大学の責任は重い。特に正規課程の場合、一旦始まると、正規課程の年限の間、学生が在籍することになる。そしてそのコースが続く限り、毎年新たな学生が入学し、その学生が卒業・修了するまでの期間続くことになる。引き続き英語コースを例に挙げると、仮に当初補助金による事業でスタートしたとして、その期間終了後どうなるのだろうか？　大学全体の中での英語コースの位置づけ、長期的観点から予算的措置を含めた体制や関係教職員の所属や身分をどうするのかということも重要な課題となる。

　また大学全体として英語コース数とともに留学生の数値目標を設定した

として、それを実現するための体制はどうなるのだろうか？　当初補助金があったとして、その期間終了後、長期的観点から大学としての体制はどうなるのだろうか？

II　多様な留学生の世界と長期的観点の重要性

上記において英語コースの例を参考に大学全体のレベルでの課題について述べてきたが、そのことに劣らず重要であるのは、実際に留学生の世界で何が起こっているか、留学生がどのようにその世界を捉えているのかを把握することである。しかしその把握は現実にはなかなか難しい。英語コース所属の留学生の世界とその他の従来型のコース所属の留学生の世界は異なり、また所属する学部・研究科、研究室、指導教員により、共通するところもあれば、異なるところもある。留学生がこの多様な世界の中にあることを認めた上で、敢えて共通する課題について考えてみたい。

　留学生の世界、元留学生の世界から見えてくるのは、指導教員はもとより、学部や研究科、所属するコース、研究室やクラスその他で出会った教職員や学生、また学内外の人々との日々の関わりを通して、留学生が多くのことを学んでいることである。そこでは留学前のバックグラウンドによる影響もあれば、留学後の計画や目標により留学中の行動も関係していることがある。更に留学後についても留学中の経験が長期に影響していることもある。

　留学生の世界において留学中のことは勿論大事であるが、留学中だけ切り取って考えるのではなく、留学前から留学後につながる留学の世界として捉えることが非常に重要である。

III　改めて博士号と大学院の問題を考える

　ここで改めて日本の大学院における博士号の学位の問題を考えてみたい。12章においてインドネシアの大学教員にとっての博士号について検討する中で、留学生のキャリアや社会文化的環境の中で捉えることの重要性が明らかになった。一方で16章において検討した日本の大学における大学院や博士号をめぐる状況は、日本における高等教育の歴史や近年までの大学教員の学位取得の状況と密接に関係していることがわかる。そして現在日本の大学院教育において改革が進められていることもわかる。留学生の母国と留学先における「博士号」の意味や価値、キャリアとの関係、学位を取り巻く状況や環境の違い、この違いの中で留学してくる留学生がいる。そして受け入れる大学や大学院がある。

　しかしながら、博士号と大学院の問題は、単に留学生の母国の状況と留学先受け入れ国の状況が異なる、ということで済ますことのできない重要な課題である。

　日本の大学や大学院においてグローバル化を推進するのであれば、また留学生を増やすと言うのであれば、留学生の背景や目標について、留学生の立場からも理解しようとするということが大事である。特に大学院博士後期課程の留学生にとって、博士号が将来にとって不可欠であることを理解しようとすることが大事である。

　その上で、日本の大学院教育に関わるプロセスや条件について、多様な背景を持つ留学生が理解できるシステムにしていく必要がある。もう少し具体的に言うと、例えば大学院応募の資格、入学の基準や条件、卒業・修了の条件、学位取得の条件、指導教員の役割と責任、これらは博士課程の大学院生にとって大変重要な問題である。

　これらは大学院教育として当然であり、既に制度として整備されており、各研究科等で責任を持って既に対応していることであり、当然大学院生であればわかっている筈である、部外者が何を言っているんだ！とお怒

りになる方がいるかもしれない。

　そう言われる方もいるだろうと思いつつもう少し述べてみたい。

　その制度は日本の大学や大学院を経験した人には当然のことかもしれない。では教育を含めこれまで日本とは異なる経験を持ち、グローバルな環境にあると信じて日本の大学院を目指して留学してきた学生にとっても明快でわかりやすいものだろうか？　例えば、留学生を受け入れた指導教授はその留学生の教育や研究指導にどこまで関わるのだろうか？　同じ研究室の他の教員、准教授や助教はどこまで関わるのか？　研究室の他の大学院生との関わりはどうか？　もしくは指導教授と留学生が1対1での指導と言うのであれば、どのような教育や研究指導になるのか？　博士課程に入ったら、どのようなプロセスやスケジュールで進むのか？　これらのことは入学当初の留学生に明確に示されるのだろうか？

　その前提として大学院教育を受けるレベルにある大学院生を合格させることが必要となる。そのための入学基準と条件と選考プロセスも明確なものが必要である。そして一旦受け入れた以上は責任を持って教育と指導を行う必要がある。では研究生として受け入れた場合どうなるのか？　そもそもどのようなレベルの留学生を受け入れるのか？　学力は？　専門知識は？　日本語能力、英語能力は？　受け入れた研究生が入学試験に受かれば進学するが、受からなかったらどうなるのか？　落ち続けることもあるのだろうか？

　本書の6章で1990年代初めのインドネシア人大学院生の研究室生活について描いたが、20年後の今日の日本の大学院は留学生にとってグローバルな環境にあると言えるだろうか？

　大学がグローバル化を推進する、留学生を積極的に受け入れる、と言うのであれば、指導教員個人レベルでの対応は勿論必要であるが、それだけに頼るのではなく、大学院教育の制度やシステムについて、研究科や大学全体として、多様な背景を持つ人たちも理解できるシステムに改善していく必要がある。特に大学院教育や博士号のように留学生にとって大変重要

な問題であれば、なおさら慎重に対応することが必要となる。

　この改善は留学生だけでなく日本人など一般学生に対してもわかりやすく明確なシステムにつながる。そして益々多様化の進む学生にとって、大学や大学院において学ぶ環境が改善することにもつながる。

IV　おわりに

近年の日本の大学と大学院を取り巻く状況は変化している。この状況の中で、それぞれの背景を持ち、目標を持ち、大学院に進学する留学生の存在は大きくなっている。そうであればこそ、日本の大学や大学院における応募資格、入学時の選抜の基準、受け入れ後、学位取得に至るまでのプロセスがどのようになるのか、留学生の立場からも理解できることが必要である。このことは留学生に限らず、多様な学生が多様な背景を持ち大学に入ってくる今日において重要な問題である。

　グローバル化を目指す高等教育機関においては、日々教職員個人レベルで留学生を含む多様な学生への教育研究支援に関わる活動を行うとともに、マクロレベルの課題について大学全体の体制と環境の整備を通して改善していく必要がある。

参考文献

Altbach, P. G., 2007, *Tradition and transition: The international imperative in higher education*. Rotterdam, The Netherlands: Sense Publishers.

Altbach, P. G., 2016, *Global Perspectives on Higher Education*. Baltimore, Maryland: Johns Hopkins University Press.

Altbach, P. G., & P. M. Peterson (eds.), 2007, *Higher education in the new century: Global challenges and innovative ideas*. Rotterdam, The Netherlands: Sense Publishers.

Altbach, P. G., D. H. Kelly, & Y. G-M. Lulat, 1985, *Research on foreign students and international study: An overview and bibliography*. New York: Praeger.

Arikawa, T., 1993, Grappling with a new culture: Dynamic courses of action and cognition of Indonesian university students in Japan (Doctoral Dissertation). Urbana, IL: University of Illinois at Urbana-Champaign.

Arikawa, T., 1995, "The impact of Indonesia-Japan relations on the personal relationships," The paper presented at the annual meeting of the Association for Asian Studies (April 7, 1995). Washington, D.C.

Arikawa, T., 1998, "The use of 'cultural model' and 'cultural schema' in research on the learning of culture," *FOLK: Journal of Danish Ethnographic Society*, vol. 40, pp. 137-162.

Bagian Sistem Informasi, BAPSI, Universitas T, 1995, *Data dan informasi seputar Universitas T.*

Clifford, J. & G. Marcus (eds.), 1986, *Writing culture: The poetics and politics of ethnography*. Berkley: University of California Press.

D'Andrade, R. G., 1995, *The development of cognitive anthropology*. Cambridge: Cambridge University Press.

Departemen Pendidikan dan Kebudayaan, Direktorat Jenderal Pendidikan Tinggi, 1988, Keputusan Menteri Pendidikan dan Kebudayaan Republik Indonesia Nomor: 095/U/1988 Tanggal: 16 Februari 1988 Tentang Tata Kerja Panitia Penilai dan Tata Cara Penilaian Angka Kredit Jabatan Tenaga Pengajar Perguruan Tinggi. Author.

Idris, S. 1982, Tokoh-tolcoh nasional: Overseas education ana the evolution of the

Indonesian educated elite (Doctoral dissertation). Madison, WI: University of Wisconsin.

Indonesian Student Association in Japan (ISA-Japan) & Osaka University, 2003, *Proceedings of the 12th Indonesian Scientific Meeting in Japan* (Osaka, September 6-7, 2003). Author.

Ini dia Habibie [This is Habibie], 1992, *TEMPO* (October 10), pp. 21-31.

Johnson、K., W. Gaylord, & G. Chamberland, 1993, *Indonesia: A study of the educational system of the Republic of Indonesia and a guide to the academic placement of students in educational institutions in the United States*. Washington, D.C.: World Education Series Publication sponsored by the American Association of Collegiate Registrars and Admissions Officers and NAFSA: Association of International Educators.

Kementerian Pendidikan dan Kebudayaan, Sekretariat Jenderal, Pusat Data dan Statistik Pendidikan, 2013, *Statstik Perguruan Tinggi (PT) 2012/2013*, Jakarta, Indonesia: Author（http://publikasi.data.kemdikbud.go.id/uploadDir/isi_11800868-A25A-4153-BBBB-C416C54BCA5F_.pdf）（最新閲覧日　2016年8月8日）.

Latour, B. & S. Woolgar, 1986, *Laboratory Life: The construction of scientific facts* (2nd ed with a new postword). Princeton, NJ: Princeton University Press.

Latour, B., 1987, *Science in Action: How to follow scientists and engineers through society*. Cambridge, MA: Harvard University Press.

Lave, J. & E. Wenger, 1991, *Situated Learning: Legitimate peripheral participation*. Cambridge: Cambridge University Press.（佐伯胖訳、1993年、『状況に埋め込まれた学習―正統的周辺参加―』、東京：産業図書）

Leont'ev, A. N., 1981, The problem of activity in psychology. In J. V. Wertsch (ed.), *The concept of activity in Soviet psychology*, pp. 37-71. Armonk, NY: Sharpe.

OFPIU, 1988, Building a nation through human resource development: The overseas fellowship program in science and technology conducted by the Ministry of State for Research and Technology. Government of Indonesia. Jakarta, Indonesia: OFPIU monitoring and evaluation section in cooperation with P. T. REDECON.

Persatuan Pelajar Indonesia di Jepang (PPI-Jepang), 1991, Meraih Ilmu Pngetahuan dan Teknologi Untuk Pembangunan Bangsa, Belajar dari Jepang. Seminar dan Kongress XX (Kyoto, 30 Agustus-1 September 1991). Author.

Persatuan Pelajar Indonesia di Jepang (PPI Jepang), 1995a, *INOVASI: Media Komunikasi Sains dan Teknologi*（科学技術情報交換誌）, Vol. 6, Edisi Khusus (Juli 1995). Author.

Persatuan Pelajar Indonesia di Jepang (PPI-Jepang), 1995b, Laporan Kegiatan Pengurus Pusat PPI-Jepang. Periode 1993-1995. Author.

Persatuan Pelajar Indonesia di Jepang (PPI-Jepang), 1995c, Proceedings TEMU ILMIAH IV (Tokyo, 1-3 September 1995). Author.
Peraturan Pemerintah Republik Indonesia Nomor 30 Tahun 1990 Tentang Pendidikan Tinggi, 1990. Author.
Quinn, N., 2011, The History of the Cultural Models School Reconsidered: A Paradigm Shift in Cognitive Anthropology. In David B. Kronenfeld, Giovanni Bennardo, Victor C. de Munck, and Michael D. Fischer, (eds.), *A Companion to Cognitive Anthropology*, pp. 30-46. West Sussex, UK: John Wiley & Sons, Ltd.
Rumelhart, D. E., P. Smolensky, J.L. McClelland & G. E. Hinton, 1986, Schemata and Sequential Thought Processes in PDP Models. In J. L. McClelland, D.E. Rumelhart and the PDP Research Group (eds.), *Parallel Distributed Processing*, vol.2, pp. 7-57. Cambridge, MA: MIT Press.
Strauss, C. 1992, Models and motives. In R. D'Andrade & C. Strauss (eds.), *Human motives and cultural models*, pp. 1-20. Cambridge: Cambridge University Press.
Strauss, C. & Quinn, N. 1997, *A cognitive theory of cultural meaning*. Cambridge: Cambridge University Press.
Team for University Autonomy, Directorate General of Higher Education, 1999, *University autonomy: University legal status, management, and funding mechanism*. Author.
Tilaar, H. A. R., 1995, *Lima puluh tahun Pembangunan Pendidikan Nasional 1945-1995: Satu analisis kebijakan*. Jakarta, Indonesia: Grasindo.
Tylor, E. B., 1874, *Primitive culture*. Boston: Estes & Lauriat.
Vygotsky, L. S., 1978, *Mind in society: The development of higher psychological processes* (M. Cole, V. John-Steiner, S. Scribner, & E. Souberman, Trans.). Cambridge, MA: Harvard University Press.
Wertsch, J. V., 1991, *Voices of the mind: A sociocultural approach to mediated action*. Cambridge, MA: Harvard University Press.
アジア科学教育経済発展機構（Asia SEED）(http://www.asiaseed.org/)（最新閲覧日　2015年8月25日）。
天野郁夫、2006、『大学改革の社会学』、東京：玉川大学出版部。
天野郁夫、2013、『大学改革を問い直す』、東京：慶應義塾大学出版会。
有川友子、1998、「日本留学がもたらしたもの―帰国後のインドネシア人の職場での体験―」『海外事情研究』25巻2号、43-56ページ。熊本学園大学付属海外事情研究所。
有川友子、1999、「国家政策としての留学―インドネシアの留学制度を通して考える―」『大阪大学留学生センター研究論集　多文化社会と留学生交流』3号、17-35ページ。大阪大学留学生センター。

有川友子、2004、「人生の重要な通過点としての留学―インドネシア人大学教員にとっての学位を通して考える―」『留学生交流・指導研究』7号、35-50ページ。国立大学留学生指導研究協議会。

有川友子、2007a、「日本の大学における「国際標準の教育」の可能性―大学の国際化とFD（Faculty Development）の接点を通して考える―」『大阪大学留学生センター研究論集多文化社会と留学生交流』11号、25-36ページ。大阪大学留学生センター。

有川友子、2007b、「留学生教育研究と日本の大学における教育の国際化の課題―博士号学位取得問題をめぐって―」『留学生交流・指導研究』10号、49-67ページ。国立大学留学生指導研究協議会。

有本章、2005a、『大学教授職とFD』、東京：東信堂。

有本章（研究代表者）、2005b、『大学におけるFD・SD（教員職員資質開発）の制度化と質的保証に関する総合的研究』、平成14年度―16年度科学研究費補助金（基盤研究A（1））研究成果報告書。広島大学高等教育研究開発センター。

有本章・江原武一編著、1996、『大学教授職の国際比較』、東京：玉川大学出版部。

アルトバック、P・G、V・セルバラトナム編（馬越徹・大塚豊監訳）、1993、『アジアの大学―従属から自立へ―』、東京：玉川大学出版部。

井門富二夫・喜多村和之、1984、「第8章 教育の国際化」、慶伊富長編『大学評価の研究』、東京：東京大学出版会。

岩男寿美子・萩原滋、1988、『日本で学ぶ留学生―社会心理学的分析―』、東京：勁草書房。

潮木守一、1999、「第9章 日本における大学院教育と研究組織」、Clark Burton R. 原編（潮木守一監訳）『大学院教育の研究』、409-441ページ。東京：東信堂。

馬越徹、1991、「異文化接触と留学生教育」『異文化間教育』5号、21-34ページ。異文化間教育学会（アカデミア出版会）。

梅澤収、2011、「第3章 インドネシアにおける大学改革・評価」、シリーズ「大学評価を考える」第3巻編集委員会編、『大学改革・評価の国際的動向』、41-57ページ。大学評価学会。

江淵一公、1997a、『異文化間教育研究入門』、東京：玉川大学出版部。

江淵一公、1997b、『大学国際化の研究』、東京：玉川大学出版部。

大島恵一、1986、『フォーラムニュース発刊にあたって』、日本インドネシア科学技術フォーラム。

太田好信、1998、『トランスポジションの思想―文化人類学の再想像―』、京都：世界思想社。

太田好信、2001、『民族誌的近代への介入―文化を語る権利はだれにあるのか―』、東京：人文書院。

大橋敏子、1997、「外国人留学生の家族に関する調査」、異文化間教育学会編『異文化間教育』11 号、156-164 ページ。異文化間教育学会（アカデミア出版会）。
川嶋太津夫・丸山文裕、1999、「第 10 章　日本の大学院教育－工学、物理学、経済学、歴史学－」、Clark Burton R 原編（潮木守一監訳）『大学院教育の研究』、442-469 ページ。東京：東信堂。
喜多村和之、1987、『増補版　大学教育の国際化―外からみた日本の大学』、東京：玉川大学出版部。
後藤乾一、1983、「戦前期インドネシア留学生の日本観―『M. ガウス回想記』について―」『社会科学討究』、28 巻 2 号、179-209 ページ。早稲田大学アジア太平洋研究センター。
後藤乾一、1986、「サレカット・インドネシア考―在日留学生会と日本―」『昭和期日本とインドネシア―1930 年代「南進」の論理・「日本観」の系譜―』、480-535 ページ。東京：劉草書房。
後藤乾一、1989、『日本占領期インドネシア研究』、東京：龍渓書舎。
小宮山猛、1979、「文化交流の現状と展望」、早稲田大学社会科学研究所、インドネシア研究部会編、『インドネシア：その文化社会と日本』、271-290 ページ。東京：早稲田大学出版部。
権藤与志夫編、1988、「アジア 8 カ国における大学教授の日本留学観（上）」『大学研究ノート』70 号、広島大学大学教育センター。
佐藤郁哉、1992、『フィールドワーク―書を持って街へ出よう―』、東京：新曜社。
佐藤由利子、2010、『日本の留学生政策の評価―人材養成、友好促進、経済効果の視点から―』、東京：東信堂。
柴山真琴、1996、「中国人・韓国人留学生家族と保育園―育児行動は文化的にどのように構成されているか」『東京大学大学院教育学研究科紀要』36 号、129-136 ページ。東京大学大学院教育学研究科。
『JIF News』（創刊号、1986 年 6 月） - (No. 25、1998 年 3 月)、日本インドネシア科学技術フォーラム。
庄司恵雄、1995、「留学生家族の適応に求められているもの―家族の生活に関するアンケート調査から」『岡山大学留学生センター紀要』3 号、97-117 ページ。岡山大学留学生センター。
庄司恵雄、1996、「留学生の家族のための日本語教室の現状と担当者ボランティアの養成」『岡山大学留学生センター紀要』4 号、103-120 ページ。岡山大学留学生センター。
白土悟、1993、「留学生家族の受け入れ体制について」『九州大学留学生センター紀要』5 号、197-211 ページ。九州大学留学生センター。
大学審議会、1998、『21 世紀の大学像と今後の改革方策について―競争的環境の中で個性が輝く大学―（答申）』、文部科学省。

大学審議会、2000、『グローバル化時代に求められる高等教育のあり方について（答申）』、文部科学省。

高橋宗生、1995、「国民統合とパンチャシラ」、安中章夫・三平則夫編『現代インドネシアの政治と経済―スハルト政権の30年』、53-94ページ。東京：アジア経済研究所。

中央教育審議会、2005a、『我が国の高等教育の将来像（答申）』、文部科学省。

中央教育審議会、2005b、『新時代の大学院教育―国際的に魅力ある大学院教育の構築に向けて（答申）』、文部科学省。

中央教育審議会、2011、『グローバル化社会の大学院教育～世界の多様な分野で大学院修了者が活躍するために～（答申）』、文部科学省。

中央教育審議会大学分科会、2015、『未来を牽引する大学院教育改革～社会と協働した「知のプロフェッショナル」の育成～（審議まとめ）』、文部科学省。

土屋健治、1994、『インドネシア：思想の系譜』、東京：勁草書房。

土持ゲーリー法一、2006、『戦後の日本の高等教育改革政策』、東京：玉川大学出版部。

ティスナ、D・A・アミダジャ（山崎博敏訳）、1987、「インドネシアにおける高等教育とマンパワー開発」『大学研究ノート』69号（馬越徹編「アジアの高等教育」）、94-103ページ。広島大学大学教育研究センター。

寺崎昌男、2006、『大学は歴史の思想で変わる：FD・評価・私学』、東京：東信堂。

独立行政法人日本学生支援機構、2016a、「平成25年度外国人留学生進路状況・学位授与状況調査結果」、http://www.jasso.go.jp/about/statistics/intl_student_d/data14.html（最新閲覧日　2016年3月17日）。

独立行政法人日本学生支援機構、2016b、「平成27年度外国人留学生在籍状況調査等について―留学生受入れの概況―」（http://www.jasso.go.jp/about/statistics/intl_student/data2015.html）（最新閲覧日　2016年4月4日）。

所澤仁、1989、『インドネシア政府派遣技術系留学生について』、日本インドネシア科学技術フォーラム。

永積昭、1980、『インドネシア民族意識の形成』、東京：東京大学出版会。

西村重夫、1988、「インドネシアからみた日本留学」『大学研究ノート』70号（権藤与志夫編「アジア8カ国における大学教授の日本留学観（上）」）、75-90ページ。広島大学大学教育研究センター。

西村重夫、1991、「第6章インドネシア人の留学」、権藤与志夫編『世界の留学―現状と課題―』、78-90ページ。東京：東信堂。

西野節男、2004、「5章　インドネシア　市場化と国家統一維持の政治的課題」、馬越徹編『アジア・オセアニアの高等教育』、101-123ページ。東京：玉川大学出版部。

日本インドネシア科学技術フォーラム（http://www.asiaseed.org/JIF/center.htm）

（最新閲覧日　2015 年 8 月 25 日）。

箕浦康子、1987、「異文化接触研究の諸相」、「文化と人間」の会編『異文化とのかかわり』、7-36 ページ。東京：川島書店。

箕浦康子、1995、「文化間移動に伴う教育学的諸問題の研究法―人を中心に据えた研究をどう進めるか―」『比較教育学研究』21 号、15-22 ページ。日本比較教育学会。

箕浦康子、1999、『フィールドワークの技法と実際―マイクロ・エスノグラフィー入門』、京都：ミネルヴァ書房。

文部科学省、2003、『留学生受入れの概況（平成 15 年版）』、文部科学省。

文部科学省、2008a、「「『留学生 30 万人計画』の骨子」とりまとめの考え方」（http://www.mext.go.jp/b_menu/shingi/chukyo/chukyo4/houkoku/attach/1249711.htm）（最新閲覧日　2015 年 8 月 25 日）。

文部科学省、2008b、「「『留学生 30 万人計画』の骨子」とりまとめの考え方に基づく具体的方策の検討（とりまとめ）」（http://www.mext.go.jp/b_menu/shingi/chukyo/chukyo4/houkoku/1249702.htm）（最新閲覧日　2015 年 8 月 25 日）。

文部科学省、2009、「国際化拠点整備事業（グローバル 30）」（http://www.mext.go.jp/a_menu/koutou/kaikaku/1260188.htm）（最新閲覧日　2015 年 8 月 25 日）。

文部科学省、2014、「平成 26 年度「スーパーグローバル大学創成支援」採択構想の決定について」（http://www.mext.go.jp/b_menu/houdou/26/09/1352218.htm）（最新閲覧日　2015 年 8 月 27 日）。

文部科学省、2015、「トビタテ！留学ＪＡＰＡＮ　日本代表プログラムとは」（http://tobitate.mext.go.jp/program/index.html）（最新閲覧日　2015 年 8 月 25 日）。

文部科学省高等教育局学生支援課、2006、『我が国の留学生制度の概要―受け入れ及び派遣（平成 18 年度）』、文部科学省高等教育局学生支援課。

文部省学術国際局留学生課、1992、『我が国の留学生制度の概要［受け入れ及び派遣］』、文部省学術国際局留学生課。

文部省学術国際局留学生課、1997、『我が国の留学生制度の概要：受け入れ及び派遣（平成 9 年度）』、文部省学術国際局留学生課。

文部省学術国際局留学生課、1998、『我が国の留学生制度の概要：受け入れ及び派遣（平成 10 年度）』、文部省学術国際局留学生課。

山野井敦徳編著、2007、『日本の大学教授市場』、東京：玉川大学出版部。

横田雅弘、1996、「留学生教育交流と異文化間教育学―回顧と展望―」『異文化間教育』10 号、44-58 ページ。異文化間教育学会（アカデミア出版会）。

横田雅弘・白土悟、2004、『留学生アドバイジング―学習・生活・心理をいかに支援するか』、東京：ナカニシヤ出版。

初出一覧

1章
有川友子、1999、「留学生教育研究における理論と方法論―民族誌的研究方法を通して考える―」『留学生交流・指導研究』2号、1-13ページ。国立大学留学生指導研究協議会。

5章
有川友子、1999、「国家政策としての留学―インドネシアの留学制度を通して考える―」『大阪大学留学生センター研究論集　多文化社会と留学生交流』3号、17-35ページ。大阪大学留学センター。

8章
有川友子、2003、「異国に母国を創る―日本に学ぶインドネシア人留学生の日常生活についてのエスノグラフィー―」『大阪大学留学生センター研究論集　多文化社会と留学生交流』7号、1-10ページ。大阪大学留学センター。

9章
有川友子、2000、「家族を伴っての留学―インドネシア人留学生家族の生活を通して検討する―」『大阪大学留学生センター研究論集　多文化社会と留学生交流』4号、1-16ページ。大阪大学留学センター。

10 章、11 章

有川友子、1998、「日本留学がもたらしたもの―帰国後のインドネシア人の職場での体験―」『海外事情研究』25 巻 2 号、43-56 ページ。熊本学園大学付属海外事情研究所。

有川友子、2003、「留学生から観た留学生会の意味と役割―在日インドネシア留学生会の活動を通して考える―」『留学生交流・指導研究』6 号、9-21 ページ。国立大学留学生指導研究協議会。

12 章

有川友子、2004、「人生の重要な通過点としての留学―インドネシア人大学教員にとっての学位を通して考える―」『留学生交流・指導研究』7 号、35-50 ページ。国立大学留学生指導研究協議会。

13 章

有川友子、2012、「20 年後の「日本留学の意味」―インドネシア人大学教員の今を通して考える―」『留学生交流・指導研究』14 号、51-62 ページ。国立大学留学生指導研究協議会。

14 章

有川友子、2014、「インドネシア人元留学生が語る日本留学とキャリア―質的研究エスノグラフィックアプローチを通して考える―」『留学生交流・指導研究』16 号、35-45 ページ。国立大学留学生指導研究協議会。

16 章

有川友子、2007、「留学生教育研究と日本の大学における教育の国際化の課題―博士号学位取得問題をめぐって―」『留学生交流・指導研究』10 号、49-67 ページ。国立大学留学生指導研究協議会。

おわりに

　本書では教育人類学の立場から、文化習得をテーマとして、インドネシア人留学生の世界、元留学生の世界について描いてきた。ただし本書では主に大学院留学生の世界、元留学生の捉える留学とキャリアとの関係を中心に描き、筆者が学んだインドネシア人留学生の世界の全てを描くことができたわけではない。

　本書を通して描いたインドネシア人留学生の世界、帰国後の元留学生の世界は、文化習得のダイナミックなプロセスを描くことでもあった。インドネシア人留学生のように第一、第二文化を習得した後で新たな文化を習得する場合、留学先の新たな環境の中で、何を学び、どのように活用するかについて、留学生個人がそれぞれの目標に照らし、可能な範囲で主体的に判断し行動していた。また留学前、留学中、留学後を問わず、留学生個人レベルの活動において、その時代のグローバルな変化、留学政策、大学における研究室システムなどを含むマクロレベルの多様な要因が密接に関係していた。

　本書を準備する中で、留学が長期に多方面に与える影響の大きさを再認識した。留学する個人への影響は勿論であるが、留学生を受け入れる側、送り出す側、グローバルな変化、国家レベルの政策や財政面の影響も大きい。特に近年の追跡研究を通して、日本の大学における英語コースのもたらした影響の大きさを認識することになった。

　特に理工系の大学院生の場合、研究室でどのような体験と生活を送り、どのような人間関係があったかが、研究成果や学位取得に関係することがあった。学位取得を目指す大学院生にとって研究室での生活は重要だった。

しかし留学生には研究室や大学での生活だけでなく、留学生同士、家族、また学外の人々との関係を含む日常生活があった。また学部生について本書では日本の学生との友人関係に絞って紹介したが、それぞれが大学内だけでなく大学外にも友人やその他の人間関係を持ちながら生活していた。

更に留学先で肯定的に評価したシステムについて活用しようとする元留学生の大学教員の姿は、留学中と関連するキャリアである場合の留学体験の影響の大きさを物語っている。元留学生が自分の経験をもとに、自分が置かれた環境や状況の中で、可能な範囲で取り入れ、努力していた。

また本書をまとめながら、20年前に研究を始めた頃のこと、その後のことを含め、これまでの研究を振り返る機会となった。例えば、フィールドワーク時に留学中の留学生から、学位取得の見込みが厳しい中、学位がどれほど重要か語る姿を通して、留学生にとっての博士号の重要性に関心を持ち、帰国後の元留学生の追跡研究につながった。また元留学生について研究する中で、日本とインドネシアを含む高等教育の歴史や制度、特に大学院の研究指導を含む大学院制度やシステム、他国における高等教育や研究へと関心が広がった。これらのいずれもが留学生の世界、元留学生の世界、文化習得のダイナミックなプロセスの解明へとつながっていた。今後は留学生と元留学生の世界について、時間軸によるつながり、グローバルなつながり、これらの両面からの研究を更に進めていきたい。

ここで筆者のバックグラウンドについて少し説明しておきたい。筆者も留学生として海外にて大学院教育を受けた1人である。その後日本の大学にて一教員として留学生に関わる教育研究実践を行ってきた。この間、本研究で関わった留学生や元留学生、すなわち20年以上前のフィールドワーク時の留学生及びその後の追跡研究における元留学生と、大学にて教育と実践で関わる留学生と、明確に分けてきた。この間、筆者自身それぞれの世界から多くのことを学ぶことができた。そのことに感謝したい。

そして何よりも1990年から今日までの20年以上の長期にわたり、筆者の研究に快く協力してくださった全ての人々、インドネシア人留学生、元留学生と家族の皆さん、またA大学の皆さん、その他日本とインドネシアにおいてお世話になった皆さんに、心より御礼を申し上げたい。皆さんの協力がなければ本研究を続けることはできなかったし、本書をまとめることもできなかった。

　最後にもう一言書いておきたいことがある。今日の日本の大学が置かれた状況の厳しさ、特に予算削減と常勤教職員の削減の中で生じつつある問題の深刻さに直面する中、グローバル化を推進し教育研究活動を行う大学として、どのようにしていけば良いのか、長期的観点から考えていくことが、一教員として、率直なところ大変困難に感じる。それでも留学生に関わる教育研究実践を続けられる環境にいることに感謝しながら、今後も努力を続けていきたいと思っている。

　本書は2015年度大阪大学教員出版支援制度の助成を受けて刊行された。本制度申請にあたり推薦いただいた国際教育交流センター副センター長の村岡貴子教授にまず感謝の気持ちを伝えたい。そして出版していただいた大阪大学出版会にも感謝している。特に岩谷美也子編集長と板東詩おり氏に辛抱強く、丁寧にお付き合いいただく中で、本書をまとめることができた。お2人との共同作業の中で完成できたことに心より感謝している。

有川友子（ありかわ ともこ）

1993年、Graduate School of Education, University of Illinois at Urbana-Champaign 修了（Ph.D. in Education）。現在、大阪大学国際教育交流センター長、教授。専門分野は教育人類学。

〈主要論文〉
- "The use of 'cultural model' and 'cultural schema' in research on the learning of culture," *FOLK: Journal of Danish Ethnographic Society*, vol. 40, pp. 137-162, 1998.
- 「人生の重要な通過点としての留学―インドネシア人大学教員にとっての学位を通して考える―」、『留学生交流・指導研究』、第7号、35-50ページ、国立大学留学生指導研究協議会、2004。
- 「インドネシア人元留学生が語る日本留学とキャリア―質的研究エスノグラフィックアプローチを通して考える―」、『留学生交流・指導研究』、第16号、35-45ページ、国立大学留学生指導研究協議会、2014。

日本留学のエスノグラフィー
インドネシア人留学生の20年

発 行 日	2016年9月30日　初版第1刷	〔検印廃止〕
著　　　者	有川友子	
発 行 所	大阪大学出版会	
	代表者　三成賢次	
	〒565-0871	
	大阪府吹田市山田丘2-7　大阪大学ウエストフロント	
	電話：06-6877-1614（直通）　FAX：06-6877-1617	
	URL　http://www.osaka-up.or.jp	
印刷・製本	株式会社 シナノパブリッシングプレス	

ⓒTomoko ARIKAWA 2016　　　　　Printed in Japan
ISBN 978-4-87259-563-5　C3037

Ⓡ〈日本複製権センター委託出版物〉

本書を無断で複写複製（コピー）することは、著作権法上の例外を除き、禁じられています。本書をコピーされる場合は、事前に日本複製権センター（JRRC）の許諾を受けてください。